FEUILLETS D'EL-DJEZAÏR

L'ENSEIGNEMENT
A ALGER
DEPUIS LA CONQUÊTE

— SOUVENIRS DIVERS —

par

H. KLEIN

Secrétaire Général du Comité du Vieil Alger

⁕

— 1920 —

⚜

ALGER
IMPRIMERIE ORIENTALE FONTANA FRÈRES
3, RUE PELISSIER, 3

L'Enseignement a Alger depuis la Conquête

FEUILLETS D'EL-DJEZAÏR

L'ENSEIGNEMENT
A ALGER
DEPUIS LA CONQUÊTE

— SOUVENIRS DIVERS —

par

H. KLEIN

Secrétaire Général du Comité du Vieil Alger

--- 1920 ---

DU MÊME AUTEUR :

La Fiancée de Tipasa (Nouvelle des temps romains), 1901.
Les Feuillets d'El-Djezaïr (1re Série), 1910-1914.
Les Tombeaux d'Icosium (Prière), 1917.
Les Lumières d'El-Djezaïr, 1918.
Alger à Fleur d'Histoire, 1919.

(Ces trois dernières publications constituant le numéro VIII des *Feuillets*, la présente brochure le numéro IX).

L'Enseignement à Alger
depuis la Conquête

SOUVENIRS DIVERS

> L'auteur s'empresse de déclarer que son intention a été, non de présenter un *historique*, plus ou moins détaillé, de l'œuvre universitaire à Alger, mais simplement d'offrir — de celle-ci — quelques évocations, quelques dates.

Quand on songe aux difficultés multiples auxquelles, le lendemain du 5 juillet 1830, se heurta l'installation française, en la cité barbaresque d'El-Djezaïr, on est porté à croire que la question — toute spéciale — de l'Enseignement n'effleura même pas la pensée du gouvernement militaire de la nouvelle colonie. Ce fut pourtant l'une de ses premières préoccupations.

1830-31

Dès l'arrivée, en effet, le Haut Commandement s'inquiéta de l'instruction à donner aux enfants des familles de l'Armée et de l'Administration et favorisa, dans ce but, l'institution de cours privés.

On ne put qu'en 1832 organiser l'enseignement officiel.

1832

Ce fut l'Intendant civil, Genty de Bussy, qui le créa sous la forme d'une petite Ecole de Garçons dite « d'Enseignement Mutuel ». La somme de 1,200 francs fut alors prélevée sur les 12,200 francs affectés annuellement à l'Instruction Publique (Recherches Scientifiques et Historiques). Trois autres écoles s'ouvrirent en même temps : dans les villages de Kouba[1] et de Dély-Ibrahim qu'on venait de fonder avec des émigrants du Rhin — et à Bône.

Le 27 mai s'installa, à l'angle des rues Jénina et des Trois-Couleurs, l'École d'Enseignement Mutuel, laquelle, toutefois, le 2 avril 1835, dut céder son local au Collège nouvellement institué.

Alger posséda, avec l'école de garçons, une école privée de filles, une école de dessin dirigée par M. Vacary, artiste italien, 26, rue Navarin, et une école juive de garçons comprenant quarante élèves. L'école laïque compta bien vite deux cents élèves, dont cinquante Israélites[2]. Les Musulmans y furent rares par hostilité à l'égard des Juifs et par crainte de passer pour favorables aux Chrétiens. Pour cette dernière raison, certains refusèrent de porter la petite croix scolaire décernée à leur mérite.

De bonne heure, la musique fut cultivée à Alger. Une *Philharmonique* se fonda, dont les exécutants appartenaient à l'Armée et à l'Administration. Marquant son intérêt pour cet art naissant, la duchesse de Rovigo, le 16 juin 1832, assista, rue des Consuls, maison Baccuet, à un concert de cette société.

En 1832, un jardin de naturalisation fut créé (qu'on dénomma, plus tard, Jardin-d'Essai)[3].

L'année 1832 vit encore s'inaugurer (le 6 décembre) l'Enseignement Supérieur que représenta un Cours d'arabe professé par M. Joanny Pharaon[4], secrétaire-interprète du Général en chef. Son auditoire compta des officiers, des fonctionnaires[5].

---

(1) L'école de Kouba eut bientôt comme élève le futur général Margueritte dont le père était, là, brigadier de gendarmerie.

(2) Une semblable école fut créée aussi à Oran en 1833.

(3) Ce jardin fut successivement administré par MM. le lieutenant de vaisseau Barpier, Victor Amanton qui en dessina les allées, Bérard, Hardy, Rivière.

Il reçut, en 1834, 25,000 arbres S'étendit sur un espace de 80 hectares. L'allée des Palmiers fut plantée en 1847. En 1867, fut concédé à la Compagnie Franco-Algérienne. En 1909, fut temporairement concédé à la Ville. Pendant la guerre, fut, en partie, transformé en jardin à la *française*.

Le Jardin-d'Essai reçut les visites : du duc d'Orléans (novembre 1835, septembre 1839), des princes de Nemours et de Joinville (novembre 1837), du duc d'Aumale et du duc de Saxe-Cobourg (mars 1846), du prince Napoléon (juin 1861), de Napoléon III (mai 1865), de la reine Amélie (mars 1903), du président Loubet (avril 1903), du roi Edouard VII (avril 1905).

Henri Murger, Théophile Gautier ont parlé de ce jardin.

Des Jardins Botaniques furent créés, en 1837, à l'Hôpital-du-Dey ; en 1887, aux Écoles Supérieures.

(4) Sorti de l'École des Langues Orientales.

On sait de quelle utilité fut pour la France, en Egypte, en Algérie, cette école que fonda le Directoire et où professa Sylvestre de Sacy.

A rappeler que la première chaire d'arabe fut créée à Paris par Henri IV.

A rappeler encore, parmi les grands orientalistes, Bacon, le missionnaire Raymond Lull, Albert-le-Grand, Champollion, Burnouf.

(5) L'Enseignement Supérieur avait été représenté déjà par les Cours professsion-

1833

L'enseignement libre prend son essor

Le 9 mars, Mmes Peysse et Imbert ouvrent, au 36 de la rue Scipion, une école de jeunes filles où s'enseigne, entre autres choses, « la belle écriture ».

La même année, dans une mosquée de la rue Socgémah (zaouïa Sidi Ahmed ben Abdallah), est installée une école privée que dirige M. Galtier, bachelier.

Pour satisfaire au goût de la lecture du public s'ouvre, rue Bab-el-Oued, le cabinet littéraire de MM. Brachet et Bastide.

1834

L'école Galtier émigre rue du Sagittaire. Sa clientèle qui, l'année suivante, va devenir celle du collège, se compose de fils de militaires, de fonctionnaires et de colons. Le coût des études y est de deux francs par mois.

Le 11 avril, un décret institue à Alger un poste de Directeur de l'Enseignement. M. Lepescheux, inspecteur d'académie, est délégué par le Ministre de l'Instruction Publique pour l'exercice de ces fonctions.

Le 9 octobre, arrivée de M. Duthrône, délégué du Ministre de l'Instruction Publique pour l'inspection des écoles.

Le 7 novembre, la presse publie l'avis suivant :

« L'administration de l'Instruction Publique, se préoccupant d'organiser à Alger une institution pour l'enseignement des langues française, arabe, grecque et latine, engage les pères de famille que cette création intéresse, à faire inscrire leurs enfants chez M. Lepescheux, Inspecteur d'académie, 25, rue Traversière[1]. »

---

nels faits dès 1831, rue Boutin, aux médecins militaires et par ceux qu'organisa à l'Hôpital-du-Dey l'Intendant Bondurand où professa le docteur Baudens.

Le 23 janvier 1833 a lieu la première distribution des prix de l'École de Médecine Militaire d'Alger en présence du Général en chef, de l'Intendant civil, du général Danlion, commandant de la place ; du général de Trobriant, commandant la cavalerie, de M. Cottin, maire d'Alger, des Fonctionnaires et des Consuls. La cérémonie se fit dans une mosquée de la rue Sidi-Ferruch servant de siège à la Société Philharmonique. Le discours fut prononcé par le baron Bondurand, Intendant civil et militaire

[1] Après la création de l'Académie d'Alger (1848), le secrétariat de l'Enseignement fut rue de la Révolution ; le bureau de l'Inspection Primaire, rue des Lotophages.

1835

Cependant, le 2 janvier suivant, l'Intendant civil autorise l'ouverture, rue Sidi-Hellel, d'une école privée où sont poursuivies les études classiques jusqu'aux Humanités.

La même année, le Conseil municipal vote les fonds nécessaires pour l'entretien (au collège) d'un cours supérieur de mathématiques et de français, adjoint aux cours classiques.

Le 27 avril s'ouvre le collège qui compte trente-six élèves externes répartis de la 8e à la 3e, et *un seul* interne logé chez le Principal, impasse Sainte-Philomène.

Ce principal, M. Barthélemy, ancien directeur de l'école mutuelle, a pour collaborateurs MM. Pothier et Desclaux. (Voir la monographie de Ch. de Galland).

Au cours de cette même année, le maréchal Clauzel fonde, avec Berbrugger, la Bibliothèque d'Alger[1].

L'enseignement privé de jeunes filles prend de l'extension.

1836

Le 4 avril, les demoiselles Delbès et Brun ouvrent, rue Mahon n° 43, une école gratuite dont le local a été gracieusement offert par la Mairie.

Le 6 novembre, l'Intendant civil autorise Mme Bourdelin, née Hebercourt, à fonder une école, 6, rue du Regard.

Et l'étude du passé préoccupe aussi l'autorité supérieure.

Sur la demande du Ministre de la Guerre, l'Académie des Inscriptions et Belles-Lettres nomme une Commission chargée de recueillir toutes les notions historiques pouvant aider le Gouvernement dans son projet de coloniser Alger ; de faire une géographie de la Maurétanie sous la civilisation antique et une histoire de la colonisation des Romains dans cette contrée. Cette commission est composée de MM. Walckenaer, Hase, Etienne Quatremère, Amédée Desjobert et Dureau de la Malle.

Le 6 août, un état de l'Enseignement est publié, qui fait connaître que le cours d'arabe comprend 10 élèves ; l'école d'enseignement mutuel, 140 ; l'école privée de garçons, 37 ; l'école de Mmes Delbès et Brun, 35 ; de Mmes Imbert et Graye, 27 ; de Mme Pic, 9 ; de Mlle Pioget (40, rue Doria), 10 ; l'école Régenel, 187. L'état mentionne 14 éta-

---

(1) Cette bibliothèque fut tout d'abord dans une maison de l'impasse du Soleil ; en 1838, rue Bab-Azoun, dans l'ancienne caserne turque devenue collège ; en 1848, rue des Lotophages (actuel hôtel du général du Génie) ;

blissements comptant 223 garçons, y compris ceux du Collège, et 324 filles[1].

Pendant cette année, sont encore créées : une école publique de filles ; une école maure-française, qui reçoit 60 élèves, consacrant quatre heures par jour à l'étude du français ; une école de jeunes filles juives.

1837

Au début de l'année, l'orientaliste Bresnier ouvre au Collège son cours d'arabe en présence du maire et de l'intendant civil Bresson[2].

Au Collège aussi, en avril, s'inaugure un cours d'adultes pour indigènes, dont les leçons de lecture faites d'après la méthode du professeur Bled, donnent des résultats surprenants. Le 27 août, l'Intendant civil et Lamoricière y assistent.

S'intéressant vivement à l'œuvre universitaire, le gouverneur général Damrémont, visite en avril le Collège et les écoles.

Le 31 août, la publication d'un nouvel état de l'enseignement apprend que le nombre des élèves est de 1,104, se décomposant ainsi : Européens, 862 ; Maures, 130 ; Juifs, 27 ; Juives, 85.

Le 11 novembre, le duc de Nemours et le prince de Joinville, arrivés avec le *Phare*, visitent le Collège.

En décembre, l'école des jeunes filles juives, installée rue des Trois-Couleurs, compte vingt élèves.

Le 31 décembre, un état complémentaire expose ainsi la situation générale scolaire :

Le collège, 115 élèves ; le cours d'arabe, 40 ; les établissements primaires, publics et privés, au nombre de treize, 890 élèves.

Il mentionne en outre : Une école à Kouba, une école à Dély-

---

(1) Les condamnés militaires du Fort-Neuf (actuellement caserne Pelissier) suivirent aussi un cours d'enseignement organisé suivant le programme primaire, sous les auspices de M. Lepescheux et dirigé par le colonel Marengo, chef de l'établissement, et M. de la Tour, directeur de l'Enseignement mutuel. Des maîtres dispensèrent encore l'instruction primaire en des établissements pénitenciers pour enfants, tel celui de Birkadem.

(2) L'arabe fut dans la suite enseigné par des professeurs tels que : Cherbonneau, Depeille, Ma huel, Richebé, Ben Sedira, Fagnan, Delphin, Ben Scheneb, Fatah, Soualah, auxquels s'ajoutent les spécialistes : Basset, Si Lounis, Houdas, Boulifa (berbère), Masqueray (touareg), G Colin (turc), etc.

A rappeler que des initiatives privées apportèrent une heureuse contribution à l'étude des langues de l'Islam. C'est ainsi que, le 13 août 1836, M. Delaporte vint offrir à la Bibliothèque d'Alger son *Vocabulaire berbère* édité par la Société Asiatique de Paris.

Le 19 novembre 1854, M. Micrèditz, propriétaire d'un café chantant : « La Perle », reçut de l'armée d'Orient de chaleureux remerciments pour son *Manuel franco-turc* qui rendit d'importants services lors de la campagne de Crimée.

Le 27 octobre 1859, le commandant du Génie, Hanoteau, reçut de l'Institut une mention honorable pour sa *Grammaire kabyle*.

Ibrahim, une école privée à Mustapha, deux écoles publiques et une, privée, à Oran, deux écoles; dont une juive, à Bône.

Alger compte maintenant douze mille Européens.

L'enseignement, à peu près organisé, fonctionne désormais régulièrement en son pittoresque cadre de faïences et de colonnes de marbre.

En septembre, le duc d'Orléans vient visiter le collège et les écoles [1].

1838

Cette année marque pour le Collège une date historique. Le 7 août, en effet, a lieu, sous la présidence de l'inspecteur d'académie, Lepescheux, la première distribution de prix solennelle. La musique du 11ᵉ de ligne joue pendant cette cérémonie. Le professeur Bresnier proclame le palmarès [2].

La même année, une future gloire de la science y arrive sous un aspect modeste. C'est le professeur de physique et de spéciales, Georges Aymé, qui, avec des appareils de fortune va, à Alger, faire dans l'ordre de l'océanographie des découvertes de la plus haute importance.

Cinq ans plus tard, le 30 avril 1843, un arrêté du Ministre de la Guerre lui donne pour successeur un bachelier ès-sciences, ancien élève de l'école Polytechnique, M. Petit [3].

1839

Le 11 mai, un collège arabe est fondé à Paris.

(1) Avec le duc vinrent à Alger les académiciens Hase et Blanqui. A mentionner aussi la présence du grand Simonien, le Père Enfantin, auteur de *la Colonisation en Algérie*, qui, en qualité de membre de la Commission Scientifique, demeura dans la colonie jusqu'en 1841.

(2) Cette solennité n'avait pu avoir lieu antérieurement faute de place. La cérémonie se fit *aux flambeaux*, à la grande satisfaction de tous. Il en fut ainsi jusqu'en 1851. La distribution *de jour* suscita alors les critiques du public et de la presse.

(3) Georges Aymé, né à Metz en 1811, élève de Normale supérieure, fut membre de la commission d'exploration de l'Algérie, auteur d'un ouvrage intitulé : *Recherche du physique de la Méditerranée*. Par l'emploi de la soie pour la ligne de sonde, obtint l'exactitude des sondages et la possibilité d'une représentation rigoureuse du relief du sol marin. Établit les caractéristiques des marées en Méditerranée. Détermina la profondeur à laquelle se font sentir sur le sol sous-marin l'agitation des vagues de la surface, aida par cette découverte aux travaux des ingénieurs chargés de la construction du môle d'Alger. Découvrit la constance de la température à 12 degrés, de l'eau de la Méditerranée, à trois cents mètres de profondeur. Prouva, contrairement à l'opinion générale, que les abîmes de la mer sont peuplés. Constata les caractères de la respiration diurne et nocturne des plantes marines. Auteur de plusieurs autres découvertes.

A rappeler qu'Alger compta d'autres savants, parmi lesquels, Emile Maupas décoré pour ses belles découvertes en science biologique.

En septembre, le Collège reçoit à nouveau la visite du duc d'Orléans.

1840

Le 6 octobre, réouverture du cours Bresnier dans une salle du musée (collège Bab-Azoun). Le collège qui, au début, comptait deux professeurs, en a maintenant quatorze. L'externat y est gratuit.

1841

Le 10 août, l'écrivain Toussenel, auteur de *l'Esprit des Bêtes*, est nommé commissaire civil à Boufarik.

1842

Le 2 juillet, le corps médical de l'armée donne, à l'Hôtel de la Tour du Pin, un banquet en l'honneur du célèbre Larrey, doyen de la chirurgie française.

1843

Le 6 janvier, Mgr Dupuch, accompagné de M. Lepescheux, Inspecteur d'académie, se rend au collège où il laisse, en souvenir, une bibliothèque importante.

En même temps que l'enseignement laïque, l'enseignement congréganiste poursuit ici sa carrière.

En activité dès les premiers mois de l'Occupation, il s'exerce sous différents vocables.

Le 25 avril arrivent les sœurs du Bon-Pasteur qu'a fait venir d'Angers Mgr Dupuch [1]. La supérieure de la communauté est la

---

(1) Plus tard, le 20 mai 1870, Mgr Lavigerie installe en la même commune les sœurs de Saint-Joseph-des-Vans qu'il fit également venir de France.

Autres fondations religieuses : Sœurs de Saint-Joseph-de-l'Apparition (1835), supérieure : Mme de Vialar ; communauté qui compta des infirmières à l'hôpital civil de la rue Bab-Azoun (devenu Lycée) et dont l'institution, rue Scipion, comprenait, en 1836, deux cent dix élèves.

Dames du Sacré-Cœur (1842). Sœurs de Saint-Vincent-de-Paul (1842). Sœurs de la Doctrine Chrétienne (1846). Dames Trinitaires (1870).

Et ce sont aussi : Les Frères de la Doctrine Chrétienne, installés en premier lieu à la Jénina, puis dans l'ancien théâtre de la rue de l'Intendance, dont les guirlandes et les Amours peints demeurèrent, jusqu'à la fin, des ornements de classes. Et antérieurement, en 1840, les Pères Jésuites (tout d'abord prêtres auxiliaires et aumôniers des pénitenciers militaires) ; en 1842, les Pères Lazaristes, créateurs d'un embryon de séminaire, impasse Sainte-Philomène, puis installés impasse Salluste ; en 1843, le Petit Séminaire de Saint-Eugène ; en 1849, le Grand Séminaire de Kouba ; plus tard, en 1874, celui des Pères-Blancs à Maison-Carrée ; en 1849 encore, l'Orphelinat de Saint-Vincent-de-Paul à Mustapha-Supérieur (précédemment au Consulat de Dane-

baronne de Stranski, ancienne élève de l'établissement royal de Nymphenbourg (le Saint-Denis de la Bavière). Les sœurs s'établissent à El-Biar dans l'ancien consulat de Toscane (Château-Neuf).

1844

Le 14 juillet est publié un décret sensationnel : Dorénavant, les nominations dans l'enseignement seront faites par le Ministre de l'Instruction publique, après entente avec le Ministre de la Guerre [1].

Le 19 septembre, un bal est donné en l'honneur du vainqueur d'Isly dans la cour du collège transformée à cette occasion en jardin féerique (reproduit par l'*Illustration*).

1845

Nouvelle fondation scolaire, cette fois en faveur des filles musulmanes : Mme Luce, femme du chef de musique du 35e de ligne, auteur du *Dani-Dan*, crée à ses frais, rue du Diable, une école de broderie indigène qui ne tarde pas à donner des résultats remarquables. Cette école, outre l'art charmant dont elle continue ici la tradition, enseigne aux jeunes mauresques la lecture, l'écriture et le calcul [2].

En août, la cour du collège, décorée de guirlandes, de girandoles, de drapeaux et pourvue d'une scène avec décor du peintre Lazerges, sert de cadre à une soirée musicale. Une audition y est donnée du *Stabat Mater* de Rossini, qu'exécutent une centaine de musiciens et chanteurs réunis par le directeur du théâtre, Curet.

Le 10 septembre est publié dans la presse le règlement général des écoles primaires que vient d'approuver le Ministre de la Guerre.

---

mark); en 1852, l'Orphelinat protestant de Dély-Ibrahim ; l'Orphelinat de Ben-Aknoun, fondé par le Père Brumault, avec une annexe au Camp-d'Erlon ; et dans la suite, les Établissements de Bienfaisance de Saint-Charles (pour Musulmans convertis), et de la Sainte-Enfance de Kouba ; à Maison-Carrée, l'Orphelinat créé pour les enfants indigènes par l'archevêque Lavigerie, lors de la famine de 1867 ; celui de Ben-Chicao, fondé par l'abbé Roudil ; la Maison de Dames Belges à Mustapha.

(1) Sous la deuxième République, l'Enseignement fut détaché de la Guerre.

(2) A la mort de Mme Luce, l'œuvre fut poursuivie par sa petite-fille, Mme Ben-Aben. La presse, sous l'empire, surnomma Mme Luce « la Campan de l'Afrique du Nord ». La broderie fut encore enseignée, rue des Abderames, par Mme Barroil, née Joly, venue à Alger, dit Aumerat, en 1817. Son ouvroir, en 1868, broda une parure orientale pour l'église Sainte-Clotilde de Paris. Les sœurs de la Miséricorde, en 1865, créèrent aussi une école de broderie, rue des Pyramides, que patronna la maréchale de Mac-Mahon et qui dura cinq ans. En des temps plus récents furent fondées les écoles de Mme la comtesse d'Attanoux, Dugenet et de Mme Pignodel (Dentelle au Gourbi) et Quetteville (à l'État) rue Marengo.

Ordre y est donné (art. IV) de faire chanter aux élèves, les mercredis et samedis, le *Domine salvum fac Regem* [1].

En novembre, annonce est faite qu'Alger va pouvoir décerner des diplômes universitaires. Sur la proposition, en effet, de M. Artaud, Inspecteur général de l'Instruction Publique, venu en mission, le Ministre a décidé qu'une Commission pour le Brevet des Instituteurs et des Institutrices sera constituée en cette ville.

A cette époque, on n'a encore pour l'enseignement secondaire féminin que des établissements privés. Nombreuses déjà sont les jeunes filles qu'Alger voit se rendre en ces maisons d'éducation. Elles portent alors le large chapeau *Paméla*, l'ample robe à multiples volants. *Glisse ma Nacelle, Robin des Bois, la Fille de l'Exilé*, font partie de leur programme musical.

1846

Le 1er janvier, avis est publié de l'ouverture du pensionnat l'*Athénée des Familles* que dirige Mme Annette Sarget, membre de l'Athénée des Arts, de Paris [2].

---

(1) L'ancienne réglementation scolaire imposait une discipline assurément plus rigoureuse que celle actuelle. Voici, à ce propos, un curieux modèle d'écriture où par une interprétation quelque peu exagérée d'une instruction rectorale de 1861, les principes de la calligraphie furent intrépidement associés à une évocation du code. Ce modèle, que l'*Akhbar* de 1871 dit avoir été appendu à l'école primaire à Alger, était ainsi conçu : « Par application des articles 471... et 479 du code pénal, M. le Commissaire, chef de la police centrale, dispose : Tout enfant coupable des délits prévus sera conduit à la geôle pour y être détenu au pain et à l'eau pendant un temps plus ou moins long. » C'était simple et on ne peut plus catégorique.

Et qu'on ne suppose pas que cette rigidité était spéciale à l'Enseignement. Elle appartenait à l'esprit même du passé. D'autre part, quoique moins protocolaire en ce pays colonial qu'en la Métropole, la haute hiérarchie administrative était bien différente de celle, simple et accueillante d'aujourd'hui. C'était avec une solennité de procureur général, souvent, qu'un chef, en son cabinet, recevait un visiteur — et « il ne le reconduisait pas ».

(2) Ce pensionnat rivalisa avec les plus prospères établissements, parmi lesquels brillait l'école de Mme de Vialar, rue Scipion. Il fut rue de la Charte, 54, puis rue de l'Etat-Major, 37. La presse informa le public que l'écriture y était enseignée « selon la méthode de Taupier, professeur de S. A. R. le duc de Chartres », ainsi que la musique et la botanique, et que la maison possédait « des professeurs de maintien, de grâce et de danse. » (Temps combien différent de celui du golf, de la gymnastique intensive... et du tango !) Les journaux apprirent aussi que le pensionnat n'était pas seulement ouvert « aux jeunes personnes », mais encore « aux jeunes dames mariées, parfaitement connues, dont l'éducation n'aurait point été terminée, ni perfectionnée. »

Et les autres institutions d'user pareillement de la réclame. L'une d'elles — à l'exemple de saint Jérôme qui, de son désert, recommandait à une dame romaine de veiller à ce que son fils ne prît, avec la domesticité, de mauvaises habitudes de prononciation — engageait, par circulaire, les familles à faire corriger chez leurs enfants les locutions vicieuses et l'accent particulier contractés dans le pays.

Où se trouvaient ces pensionnats ? Un peu partout, *maintenant* de préférence

Mais voici venir une grande personnalité universitaire.

Le 5 juillet arrive, à l'occasion du mariage de son beau-frère, le commandant Feray avec Mlle Léonie Bugeaud, le comte Salvandy, ministre de l'Instruction Publique[1]. S. E. visite les écoles et le collège. Elle est reçue au seuil de l'ancienne caserne des Janissaires par M. Lepescheux. Elle nomme officier d'académie — titre alors hautement apprécié — l'instituteur Laurent auquel, de plus, est octroyée, par le Ministre, une subvention de trois cents francs à prendre sur son département, pour le cours gratuit de chant qu'il a organisé[2].

dans la basse ville. Les locaux devaient être parfois défectueux, même peu sûrs, si l'on en juge par cette curieuse note publiée le 12 juillet 1843 : « Avis important. Le propriétaire de la maison n° 34 de la rue Jénina croit devoir porter à la connaissance du public que cette maison menace ruine et pourra s'écrouler d'un moment à l'autre, malgré les précautions qui seront prises pour la tenir debout... Il prévient surtout les pères et mères qui envoient leurs enfants chez le sieur Espa, professeur, que ce dernier, par l'obstination qu'il met à occuper la dite maison, expose sa vie et celle de ses élèves. Il espère qu'on voudra bien s'assurer du danger par soi-même, sur les lieux, et prendre les meilleurs moyens pour l'éviter. »

L'avis se terminait par l'offre d'une gratification à qui, le premier, donnerait les renseignements nécessaires pour prévenir à domicile les parents des élèves.

(1) Venu avec le *Météore*. Les batteries de la Marine et du Stationnaire saluent des salves réglementaires, le Membre du Gouvernement. Le maréchal Bugeaud, l'amiral de Rigodit le reçurent. Les troupes forment la haie de l'Amirauté à la rue Royale (du Divan). La voiture est précédée d'un détachement de la Milice à cheval et suivie d'un peloton de Gendarmerie.

Les réceptions ont lieu au palais d'hiver. En accueillant le premier magistrat d'Alger, le Ministre déclare qu'il lui est agréable de le saluer de son *nouveau* titre de « Maire », terme par lequel il sent que « s'il a quitté l'Europe, il n'a pas quitté la France ».

Le 11 juillet, M. de Salvandy alla visiter la Trappe. Une intéressante relation fut publiée, de ce voyage, par Xavier Marmier, secrétaire particulier du Ministre. (A rappeler qu'en 1880 Guy de Maupassant fut aussi attaché au cabinet du Ministre). L'écrivain raconte qu'en raison de la fatigue des chevaux, les voyageurs durent, marcher *deux heures* sur un sol brûlant dont les arbres rabougris évoquaient « la végétation de la Laponie ». Il parle avec admiration du Couvent qui, par son aspect, « rappelle les belles propriétés agricoles de la Normandie ».

Le 16 juillet, un banquet fut offert par la population au Ministre dans la salle du Bazar Gambini (angle droit des rues d'Isly et de Tanger). Des discours furent prononcés par MM. Bonneviale, notaire, et le baron de Vialar, auxquels répondirent le maréchal Bugeaud et M. de Salvandy.

Le même jour, le Ministre inaugura, à Saint-Eugène, le pont suspendu qui reçut son nom et qu'illustra ce curieux distique :

Me primum in Libya construxit Gallia pontem
Si non mole meâ, nomine notus ero.

(Je suis le premier pont que la France ait construit en Libye.
Je serai célèbre, sinon par mes proportions, du moins par le nom que je porte).

(2) Rue du Laurier, dans l'ancien local du renommé Café Minerve, lequel comptait cinq billards. Le chant fut, postérieurement, enseigné par MM. Luce, Salvator Daniel, Keil, dont les noms évoquent les souvenirs de l'*Orphéon*, devancier de la *Lyre Algérienne*, des *Enfants de l'Algérie*, etc..., et contemporain de la Maîtrise de la Cathédrale, dirigée par l'abbé Pascouau. A ces initiateurs succédèrent, à longue distance, des professeurs tels que Brument, Jourdan, Stévens.

Et ce fut l'école vocale et instrumentale des Beaux-Arts que suivirent le Petit-

Alger compte à ce moment deux écoles publiques de garçons : l'une dirigée par M. Carbonnel, rue Socgémah ; l'autre, par M. Augagneux, rue du Quatorze-Juin. Ce nombre ne tardera pas à augmenter.

Le 11 juillet, avis est donné d'un arrêté du Ministre de la Guerre établissant que la commission d'examen pour le brevet de capacité primaire — lequel ne sera valable que pour l'Algérie — comprendra : l'Inspecteur d'Académie, un inspecteur primaire, un chanoine, un pasteur, un ingénieur, le Maire, le Principal du collège, un avocat, un professeur.

Le 10 septembre, la science fait une grande perte en la personne de Georges Aymé, décédé à la suite d'une chute de cheval sur la falaise de Saint-Eugène.

Le 5 octobre, le Ministre décide que la somme de douze cents francs sera affectée à l'érection d'un monument sur la sépulture du savant[1].

Le 8 octobre, s'ouvre la première session du brevet de capacité à laquelle est reçu l'élève Simand qui devient, rue Porte-Neuve, chef d'une institution bien connue des algériens du passé.

Le 1er novembre, les sœurs de la Doctrine-Chrétienne qu'a fait venir le Ministre de la Guerre, s'installent au faubourg Bab-Azoun, rue des Mulets (actuelle rue Roland-de-Bussy).

1847

Le 6 janvier, l'école Luce reçoit l'investiture ministérielle avec l'autorisation d'ajouter à son titre cette mention : *Sous le patronage de S. M. la Reine des Français.*

Le 1er mai, le Ministre de la Guerre institue, pour le corps enseignant d'Algérie, des récompenses consistant en médailles d'argent et de bronze[2].

Le 15 juin, une annonce est faite au sujet de Georges Aymé que ses admirateurs ont fait reproduire en bustes par un artiste de Paris.

Athénée, la Société Musicale de la rue Bruce. Quant à la musique arabe, mise très tôt à la mode par Luce (le *Dani-Dan*), par Daniel (Chants algériens, kabyles et tunisiens harmonisés, 1865), par Reyer (Salam), et, de nos jours, par Saint-Saëns (Bacchanale de *Samson et Dalila*) : elle eut pour propagateurs MM. Rouanet et Yafil.

(1) Cimetière de Saint-Eugène, dans l'allée centrale, à gauche.

(2) Une médaille d'or fut, plus tard, instituée. Mme Caruel, institutrice à Bouïnan, l'obtint la première (octobre 1866). La troisième République institua une nouvelle médaille d'argent avec prime annuelle de cent francs que, le 1er mars 1894, les titulaires furent autorisés à porter suspendue à un ruban violet doublé de deux liserés jaunes.

Avis est donné que le souvenir sera livré au prix de vingt-cinq francs.[1]

1848

Cette année, grand changement dans l'Enseignement.

Le 7 septembre, l'Académie d'Alger est créée.[2]

Le même jour est supprimé le Collège que va remplacer un Lycée[3] installé rue Bab-Azoun, dans l'ancienne caserne turque : *Dar yenkcheria labendjia* (maison des buveurs de petit lait), ainsi dénommée de l'habitude prise par les janissaires du bâtiment, de prélever une part sur la provision journalière des laitiers. (Voir pour la description les vol. II et III des *Feuillets d'El-Djezaïr*, ainsi que la monographie de Ch. de Galland).

Le 13 septembre, M. Delacroix[4] est nommé recteur à Alger.

L'ancien Inspecteur d'académie demeure.[5]

---

(1) La Société de Géographie d'Alger reçut, avant la guerre, de M. Toulay, conférencier, un exemplaire de ces bustes.

(2) Avant cette création, les traitements dans l'Université étaient les suivants : Inspecteur d'Académie chargé de la Direction de l'Enseignement en Algérie, 6,500 francs ; Inspecteur primaire, 3,000 ; Principal du collège, 4,000 ; Professeurs : de rhétorique, 3,000 ; de seconde, 2,500 ; d'histoire, 2,400 ; de troisième, 2,400 ; de quatrième, 2,300 ; de cinquième, 2,200 ; de sixième, 2,100 ; de septième, 2,000 ; de huitième, 1,800 ; de mathématiques spéciales, 2,700 ; de mathématiques élémentaires, 2,400 francs.

Après la création de l'Académie, les traitements furent : Recteur, 14,000 francs ; Inspecteur d'Académie, 11,000 ; Inspecteur primaire, 4,000 ; Sous-inspecteur primaire (Oran et Constantine, 3,000) ; Secrétaire d'Académie, 3,500 ; Proviseur, 6,000 ; Censeur, 4,500 ; Professeurs : de philosophie, 4,000 ; de rhétorique, 4,000 ; de mathématiques spéciales, 4,000 ; de mathématiques élémentaires, 3,500 ; d'histoire, 4,000 ; de deuxième, 3,500 ; de troisième, 3,500 ; de quatrième, 3,000 ; de cinquième, 3,000 ; de sixième, 3,000 ; de septième et huitième, 1,000.

La subvention du Lycée fut de 50,000 francs ; les dépenses, de 90,000 ; le rapport de l'externat, de 7,500.

(3) Des hommes de haute valeur furent désignés pour ce Lycée, tels : MM. Caro, plus tard à l'Institut ; Jarry, devenu recteur ; Camboulin, nommé professeur de Faculté ; d'autres nommés à des Lycées de Paris, et, comme aumônier, le futur archevêque de Sens, Mgr Bernardou.

Le Proviseur fut M. Bocca. Ses successeurs : MM. Chabert, 1852 ; Carnucjouls, 1856 ; Ruelle, 1860 ; Dujol, 1868 ; Grasset, 1870 ; Sornein, 1879 ; Bon, 1886 ; Frétillet, 1889 ; Marcet, 1890 ; Orgereau, 1893 ; Canivincq, 1895 ; Didier, 1902 (février) ; Port, 1902 (août) ; Fournier, 1906 ; Despiques, 1913

Ce Lycée posséda, pour ses sorties du dimanche, une propriété dépendant de l'ancien camp d'Hussein-Dey qui lui fut reprise par le maréchal Randon.

(4) Cousin de Louis Blanc. Eut comme compétiteur au Rectorat d'Alger Victor Duruy. Mort en 1880. Vinrent ensuite : MM. de Salves, 1872 ; Belin, 1879 ; Boissière, 1884 ; Jeanmaire, 1885 ; Ardaillon, 1909 ; Tailliart (Vice-Recteur), 1920.

(5) Les Inspecteurs d'académie furent : MM. Lepescheux, 1848 ; Peyrot, 1849 ; Duval-Jouve, 1854 ; Boissier, 1856 ; Vignaly, 1860 ; Courcière, 1871 ; Brétignière, 1871 ; Boissière, 1875 ; Roger, 1877 ; Gramboulan, 1879 ; de Pontavice, 1880 ; Frin, 1882 ;

Bal donné en l'honneur du Maréchal Bugeaud, dans l'ancien Collège, après la Victoire d'Isly — 1844
(Illustration.) Reproduction autorisée.

Exposition agricole dans l'ancien Lycée — 1851

(Illustration)

Le 20 septembre, une exposition agricole s'ouvre dans la cour du Collège[1].

En octobre s'inaugure le nouveau Lycée où, dès novembre, le tambour est substitué à la cloche.

Le 31 décembre, la situation de l'Enseignement en Algérie est la suivante :

Enseignement supérieur : Une chaire d'arabe à Alger.

Enseignement secondaire : Un collège communal à Alger ; deux pensionnats libres subventionnés par le Gouvernement, à Bône et à Philippeville, avec 185 élèves, dont 165 au collège.

Enseignement primaire : 93 écoles, dont 13 privées et non subventionnées. Dans ce nombre : 7 écoles mixtes avec 457 arabes ou juifs.

Une école arabe-française à Alger ; trois écoles juives-françaises à Alger, Oran et Bône ; une école de filles musulmanes et une école de filles juives à Alger.

Soit, pour une population européenne de 103,890 habitants, plus de 8,000 enfants, non compris les écoliers arabes et juifs, ni les élèves des séminaires et des écoles religieuses musulmanes.

1849

Le 1er août, à 8 heures du soir, le Tout-Alger se réunit dans la grande cour du Lycée Bab-Azoun pour la première distribution des prix de cet établissement qu'interrompt malheureusement la pluie au début du discours du professeur Caro. Le recteur annonce que la cérémonie est renvoyée au 1er octobre[2].

Lemas, 1883 ; Lamy, 1884 ; Martel, 1884 ; Bianconi, 1885 ; Alliaud, 1888 ; Szimanski, 1894 ; Lamounette, 1900 ; Brunet, 1909 ; Tailliart, 1912 ; Mazure, 1917 ; Jacquart, 1919.

Les Inspecteurs primaires : MM. Cantrel, 1847 (inhumé à Saint-Eugène, carré des Consuls, où lui fut élevée une colonne) ; Dronsart, 1853 ; Farochon, 1854 ; Gaston Samson, 1862 ; Mme Huet, inspectrice des salles d'asile, 1863 ; MM. Aubenne, 1871 ; Brunet, 1873 ; Gérard, 1880 ; Serre, 1882 ; Cestac, 1905 (MM. Redon et Ferrucci dans l'intérieur ; Mmes Auriol et Mantoz pendant la guerre).

L'Enseignement eut, en outre, comme Inspecteurs des écoles indigènes : MM. Peron, 1863-71 ; Scheer, 1882 (devenu inspecteur principal) ; Beaudelaire, 1894 ; Astier, 1905 ; Dumas, 1908 (MM. Augé et Grassioulet dans l'intérieur).

L'Enseignement indigène des trois ordres eut comme Inspecteurs généraux : MM. Marçais, Houdas et Horluc (inspecteur d'académie).

L'Enseignement artistique et industriel dans les écoles indigènes eut pour Inspecteurs : MM. Ricard, 1909, et Pascault, 1920.

L'Enseignement agricole dans les mêmes écoles : M. Roland, 1907.

(1) Une nouvelle exposition — en 1851 — fut reproduite par l'*Illustration*.

(2) L'éclat des anciennes solennités s'augmentait, d'ordinaire, de la présence de maréchaux illustres, tels que Randon, Pélissier, Mac-Mahon. La pluie survint encore lors des prix de 1872, où le gouverneur De Gueydon put à peine prononcer quelques paroles. Par contre, l'année suivante, le discours d'usage dura une heure et demie !

Les discours de 1876 et de 1877 s'originalisèrent par la mise en vers de deux

L'Enseignement secondaire est désormais assis. L'État songe à présent à organiser, de façon solide, l'enseignement indigène. Le 14 juillet 1850 paraît un décret conçu à cet effet.[1]

1850

Cette année est créée la Médersa.

L'Enseignement voit sa situation s'améliorer sous l'autorité du gouverneur d'Hautpoul.

Le 29 octobre, Berbrugger, chargé de mission en Tunisie, est reçu par le Bey qui le décore de la croix d'officier du Nicham.

1851

Le 24 octobre a lieu la distribution solennelle des prix à l'Ouvroir fondé par Mme Luce. Les jeunes mauresques — fait très remarqué — paraissent à visage découvert. Une pièce, *la Glaneuse,* œuvre d'une dame du monde d'Alger, y est jouée. Deux jeunes filles indigènes de la suite d'Abd-el-Kader, et nouvellement arrivées d'Amboise, disent, de façon charmante, un dialogue en vers où est rappelé l'accueil qui leur a été fait dans la métropole :

O France protectrice, dit gentiment l'une d'elles, *ô France hospitalière, c'est en versant des pleurs que je t'ai dit adieu !*

Toutes les jeunes interprètes font montre, en la circonstance, d'une diction des plus satisfaisantes.

leçons de morale : *Les Tonneaux* — *les deux Bêches.* On sait de quelle faveur jouissaient autrefois les vers. Ainsi la rime salua-t-elle le préfet aux prix du pensionnat Foing, en 1854, et le public à l'inauguration du théâtre, en 1853.

(1) L'organisation de cet enseignement présenta, aux premiers débuts, certaines difficultés. En 1856, une classe « pour les petits » avait été créée dont fut chargé un professeur du collège. Un cours pour adultes fut en même temps ouvert. Le cours réussit mais non la classe. On adjoignit alors à une école tenue par un maître indigène dans une mosquée, située à l'angle des rues de la Lyre et d'Ammon, un professeur auquel fut alloué un traitement de six cents francs par an.

En 1842, le professeur fut remplacé par un membre de l'enseignement, à qui fut donné le titre de *directeur.* Mais, en 1843, le muphti de la grande mosquée, Mustapha ben Kebabti, s'insurgea contre cette innovation. Il chassa presque du lieu l'inspecteur d'académie, M. Lepescheux, à qui il déclara qu'il n'accepterait l'entrée d'aucun maître français dans cette école. L'autorité supérieure dut intervenir et le muphti, ainsi que son neveu qui était mêlé à l'affaire, furent déportés à l'île Sainte-Marguerite.

En 1845, l'inspecteur général Artaud, envoyé par le Ministre de la Guerre pour examiner la situation, déclara dans son rapport qu'il était indispensable, pour la bonne marche de l'enseignement, d'employer comme directeur un maître sachant l'arabe et, comme adjoint, un indigène lettré en français.

En 1851, l'école de la rue Porte-Neuve s'ouvrit avec cinquante élèves. Le 26 mai 1854, il s'y trouvait, dit un rapport, deux cent dix Indigènes et douze Français. Cette école eut comme directeurs : M. Destrée, puis, en 1867, M. Depeille, et, dans la suite, M. Fatha. M. Sarrouy dirigea ; plus tard, une autre école arabe-française. (L'enseignement religieux fut donné dans les écoles coraniques, les zaouïas).

1852

En même temps que l'enseignement, la colonisation se développe, mais quelle mortalité parmi les colons !

Des orphelinats se créent. En cette même année, le pasteur Monod, de Copenhague, organise celui de Dély-Ibrahim.

Une nouveauté se produit : Le 12 janvier, il est procédé à la distribution des prix de l'école arabe-française de M. Depeille, dans la Grande-Mosquée. Le gouverneur Randon, le général Yussuf, de nombreux fonctionnaires civils et indigènes, beaucoup de chefs arabes, de nombreuses dames y assistent [1].

Et c'est le 8 septembre, la distribution solennelle des récompenses dans la cour du Lycée Bab-Azoun, aux jeunes filles de l'école israélite que dirige, depuis seize ans, M¹¹ᵉ Héloïse Hartoche. Le gouverneur général Randon, le secrétaire général Mercier-Lacombe, le Préfet, le Recteur, le Maire assistent à cette fête où est donnée — non sans succès — une représentation d'*Esther*. Cent vingt-cinq jeunes filles vêtues de blanc figurent en cette solennité [2].

Quelques jours plus tard, le 4 octobre, c'est le tour de l'école de broderie de Mᵐᵉ Luce, installée en son nouveau local de la rue de Toulon [3]. Viennent dans ce sanctuaire d'art, couronner les petites fées musulmanes : le Gouverneur, le Préfet, le Recteur, l'Inspecteur d'Académie.

Le 8 octobre, au Lycée, pour la rentrée des classes, est célébrée la messe du Saint-Esprit à laquelle, selon l'usage, assistent le recteur, les membres du Conseil académique et les professeurs.

---

(1) Ce fut un spectacle curieux qu'offrirent parmi les musulmans, tant de présences chrétiennes, en ce temple à la porte duquel se lisait auparavant une interdiction officielle, pour tout Européen, de pénétrer en ce lieu. Mais le temps avait marché... bien des idées s'étaient modifiées !

(2) Au lever du rideau, une jeune fille s'avança sur le devant du théâtre et prononça une manière de prologue où elle dit, entre autres choses : « ... Nous savons combien notre tentative est audacieuse, mais nous avons compté sur votre indulgence. Un souvenir nous écraserait — veuillez l'écarter — celui d'*Esther* jouée à Versailles, devant Louis XIV, par les d'moiselles de Saint-Cyr. Racine avait bien voulu préparer lui-même ces interprètes de son chef-d'œuvre. A défaut d'une telle fortune, nous avons — avec de sages indications — cherché à comprendre, le mieux possible, ce génie, et nous serions bienheureuses si vous daigniez applaudir à nos efforts. »

M. Drousart, inspecteur primaire, avait été le discret organisateur de cette fête. L'étude consciencieuse des rôles n'avait pas demandé moins d'une année.

Une nouvelle représentation d'*Esther*, avec partition musicale de Reynaldo Hahn, fut donnée le 7 août 1920, à Miliana, par des jeunes filles de la ville, au Jardin public transformé en théâtre de verdure.

(3) Sur l'emplacement de cet ouvroir se trouve actuellement une école publique de garçons.

Mgr Pavy, s'adressant aux élèves, se prononce catégoriquement sur la question, très controversée alors, de l'utilité ou du danger de l'étude des auteurs païens pour un enseignement d'esprit chrétien. S'appuyant sur des considérations historiques et morales, l'ancien professeur qu'est l'évêque d'Alger, montre que cette mise à l'index des beautés littéraires des grands écrivains de l'antiquité serait une honte pour le siècle, et il s'élève avec véhémence contre la suppression envisagée de cette partie classique, dont la réalisation serait, à ses yeux, un véritable acte de vandalisme.

1853

Le 4 janvier, prenant sous sa protection l'école de broderie Luce, la comtesse Randon organise, au profit de cette institution, une loterie dont elle place, elle-même, plus de trois cents billets dans la maison de l'Empereur. Il en est pris cinq cents par le prince Napoléon.

En avril, l'Etat de New-York fait don à la ville d'Alger du plus bel ouvrage, existant en Amérique, sur les sciences naturelles : *L'Histoire naturelle de New-York*, comportant quinze volumes et mille gravures en couleurs.

Le 1er août a lieu, dans le temple de la rue de Chartres, la distribution des prix de l'école protestante dirigée par Mme Lydie de Costeplane. Assistent à la cérémonie : le préfet Lautour-Mezeray[1], l'inspecteur d'académie Duval, le général baron Chabaud-Latour, le baron Bron, chef de cabinet du préfet.

A Alger, de nouveaux pensionnats s'ouvrent, s'aménageant provisoirement. Le 27 septembre, le palais de Mustapha-Pacha, où étaient les dames du Sacré-Cœur, réinstallées, rue de la Révolution, est occupé par le pensionnat Robert, précédemment rue des Consuls[2].

Le 11 novembre, le palais de Mustapha-Pacha (actuelle Bibliothèque), est mis à la disposition des demoiselles Armand pour la distribution des prix aux élèves de leur pensionnat. La musique militaire prête son concours. Un proverbe, dû à la plume de Mme Clémence Laloë, y est joué de façon remarquable par quelques jeunes filles.

Le 23 décembre, la comtesse Randon, assistée du Recteur, préside la distribution des prix aux élèves de l'école arabe-française dirigée par M. Depeille. Par sa bienveillance et son exquise affabilité, la comtesse Randon se concilie le cœur de tous les écoliers musulmans.

Et c'est, en ce moment, en avance sur l'École de Médecine qu'on

---

(1) Descendant de l'historiographe de Louis XIV.

(2) Il y eut encore l'institution Bizet, les pensionnats des demoiselles Armand et des demoiselles Foing (mentionnés ailleurs).

souhaite, un cours d'obstétrique fonctionnant auprès de l'élément féminin mauresque.

Cette année, pour la première fois, le tribunal musulman : le *Midjelès*, s'assemble à l'occasion de l'examen des femmes indigènes qui suivent le cours d'accouchement fait en arabe par Mme Mahé, sage-femme. Le jury français chargé de juger des connaissances des candidates, se compose des docteurs Foley, Négrin, Bertherand, Bonello (Maltais), assistés du professeur Bresnier faisant fonctions d'interprète. Il se trouve, parmi les élèves de Mme Mahé, une mauresque de 103 ans. Huit candidates sur onze sont admises.

1854

Le 24 mai, a lieu la distribution des prix à l'ouvroir Luce, à laquelle, comme d'habitude, assiste toute l'élite algéroise et que président le Gouverneur et la comtesse Randon. « Cent cinquante jeunes filles de tout âge, dit le chroniqueur Toulouze, avaient pris place sur l'estrade. Leurs costumes variés, si riches, si pittoresques, le soleil qui rayonnait sur les chéchias brodées, couvertes de sequins, l'étendard du Prophète qui flottait à l'abri de nos couleurs nationales, les élégantes toilettes des auditrices, les fleurs, tous ces éléments formaient un ensemble des plus gracieux et, en même temps, des plus imposants. »

La fête commence par une série de fables, de dialogues dits par de petites mauresques avec une euphonie étonnante. Les fables sont ensuite reprises en arabe avec une sûreté d'élocution remarquable par la petite fille de Mme Luce : Mlle Henriette Belli (devenue Mme Ben Aben). La distribution terminée, les invités se rendent dans les salons où s'offre, à leur admiration, des *merveilles* accomplies par l'École et dont un certain nombre sont destinées à l'Exposition de Londres.

Le 1er octobre, s'inaugure une belle œuvre de documentation publique. L'Exposition Permanente (installée dans l'ancien hôpital civil[1]) ouvre ses portes.

Cette exposition, créée par le comte Randon, comprend, entre autres choses, des échantillons minéralogiques du pays : granit, marbres, etc.; différentes essences algériennes, telles que cèdres, thuyas; des travaux d'ébénisterie où figurent « le jujubier rouge à liseré jaune, qui évoque l'idée d'un ruban de chevalerie — le myrte, couleur de chair; — le dattier jaune-rouge, semé de lignes blanches pareilles à des brins de vermicelle; le thuya aux teintes d'acajou, moucheté

---

(1) Précédemment, caserne turque *Kherratine*, remplacée par la maison des *Deux Magots*.

comme une peau de tigre[1] ». Il y a là aussi des buis, des lièges du baron de Vialar, puis de l'ébénisterie indigène, des broderies au fil d'or de l'école de Mme Luce[2].

Le 11 novembre, l'Institution des dames Foing (faubourg Bab-Azoun), procède à sa distribution de prix sous la présidence du Préfet. M. Lautour-Mezeray y a la surprise d'entendre, *formulé en vers*, un long panégyrique de son administration, que dit avec charme une jeune fille, Mlle Chandellier.

1855

Un état de l'Académie fait connaître que les écoles d'Alger se sont augmentées de celles de Mustapha et d'El-Biar, des établissements des Frères de la Doctrine Chrétienne des quartiers de la Cathédrale, de N.-D. des Victoire et de Saint-Augustin, d'une école protestante[3] et de deux institutions juives dites : École Kahn et École Lévy[4]. Le nombre de leurs élèves est de 1,411[5].

En 1855 encore, sur l'initiative du Maréchal Randon et de l'Amiral Chabanne, une école de mousses indigènes est formée à Alger[6].

Le 6 juillet, la Bibliothèque d'Alger reçoit du général Pélissier, un livre religieux écrit en langue slave, qui a été trouvé dans la chapelle du cimetière de Sébastopol[7].

---

(1) Arbre qui devint à la mode et avec lequel la maison Erard fit des pianos d'une robe somptueuse.

(2) Plus tard s'ajouta une belle collection zoologique du commandant Loche. L'Exposition, transférée en 1866 sous le Boulevard, fut fermée en 1892.

(3) En 1836, il existait déjà, au 38 de la rue du Chêne, une école du Culte Réformé.

(4) La religion judaïque est aujourd'hui enseignée au *Midrach* (Alliance Israélite).

(5) Les écoles nécessitaient de la part de la Ville une dépense de 37,300 francs, ainsi décomptée :

Pour 7 Instituteurs, à 1,500 fr.	10.500 fr.	2 Maîtres de dessin et de chant.	5.000 fr.
— 3 Instituteurs-adjoints...	2.000 »	Matériel scolaire...............	5.650 »
— 9 Frères, à 700 ou 750 fr.	6.650 »	Frais de location.............	7.500 »

(6) Un premier noyau d'élèves-mousses avait été formé antérieurement sur le *Boberach*, dernier vestige de la marine turque, qui servait aux promenades du Dey. Après son naufrage à La Calle, lors de la tempête de 1841, l'Ecole fut sur la *Ménagère*, puis sur l'*Allier*. Les résultats ne furent guère satisfaisants : de 1855 à 1859, 84 marins seulement en sortirent pour la marine marchande et 83 pour celle de l'Etat.

Plus tard, à l'instigation du député Albin Rozet, le recrutement fut repris par voie d'engagements (les Baharia).

(7) C'est un in-folio à reliure antique, gaufrée et dorée, avec deux fermoirs en cuivre. Le recto de la reliure présente un encadrement fait d'une guirlande dorée et, au centre, un cartouche ovale avec les figures de la Trinité.

Une lettre du général accompagne l'envoi. Elle se termine ainsi : *Ce livre a été mis de côté par celui qui avait le pouvoir discrétionnaire, afin qu'il pût être offert à la Bibliothèque d'Alger.*

Une note ajoute : « A remarquer que le pauvre saint Paul, peint sur le bois, a eu le jarret droit entamé par un biscaïen ».

Le 30 juillet, grand jour pour les petites Écoles communales.

Les prix leur sont distribués solennellement au Lycée. La cérémonie est présidée par le Gouverneur, ayant à ses côtés la comtesse Randon, l'évêque Pavy, le Préfet, le Maire, de Guiroye, et tous les hauts fonctionnaires.

1,500 enfants y figurent, pour lesquels une sorte d'uniforme, non dépourvu d'élégance, quoique simple, a été adopté[1].

Le 3 octobre, à l'occasion de la prise de Sébastopol, le Ministre de l'Instruction Publique octroie aux Lycées et Collèges une prolongation de vacances de huit jours.

Le 13 décembre, le Musée d'Alger s'enrichit d'une intéressante pièce historique. C'est un mortier de ménage, en bronze, ayant appartenu à une famille indigène et provenant probablement d'une prise de corsaires.

Dans ce mortier apparaissent trois grandes fleurs de lis entre quatre médaillons en relief. L'un comprend un buste du *galant* Maréchal de Bassompierre avec cette inscription : *Fr. A. Bassompierre Franc. Polem. Gris. Helv. Praef.* (François A. Bassompierre polémarque [général en chef] des Français et préfet des Suisses et des Grisons). L'autre, offre un buste de Maguerite d'Étampes avec cette légende : *Marguerite d'Etampes.*

Les deux autres médaillons présentent des femmes en pied, peu vêtues, jouant de la harpe et du théorbe.

1856

Le 19 avril, une jeune Musulmane de l'École Luce, Mlle N'fiça bent Ali, obtient, la première, le brevet d'institutrice.

Le 2 mai, première séance de la Société Historique sous la présidence de Berbrugger. Vice-présidents : baron de Slane, colonel de Neven ; secrétaire : Bresnier[2].

Le 23 juin, le Ministre de l'Instruction Publique nomme M. Serpaggi, aspirant-répétiteur au Lycée d'Alger[3].

Le 11 novembre, l'Académie des Inscriptions et Belles-Lettres félicite M. Berbrugger pour ses travaux sur le Tombeau de la Chrétienne.

---

(1) La dernière distribution au Lycée eut lieu en 1902.

(2) Cette Société publia ses travaux dans un Bulletin : *La Revue Africaine*. Plus tard parurent les Bulletins d'Archéologie, de la Faculté, de la Société de Géographie, du *Vieil-Alger*, d'*Archéologie du Diocèse*.

A rappeler, à ce propos, les Œuvres de Mgr Dupuch, de Mgr Toulotte, de Mgr Leynaud ; celles de l'abbé Deyrieux, du P. Ménage, du P. Gleizes, etc.

A rappeler, d'autre part, la belle Histoire de l'Alger turc, par H. de Grammont.

(3) L'un des fondateurs de la Ligue de l'Enseignement.

Le 19 décembre, le Maire reçoit les brevets de parrainage de l'Empereur et de l'Impératrice pour deux enfants d'Alger : Georges-Emile Lapra de Saint-Romain, 3, rue Jean-Bart, et Félicie-Marie Loiseleur, 1, place Napoléon, venus au monde, le 16 mars, jour de la naissance du Prince Impérial.

1857

Le 4 janvier, a lieu, pour la première fois, la distribution des prix aux élèves des Frères de la Doctrine Chrétienne, dans l'ancien théâtre de la rue de l'Intendance, affecté désormais à l'enseignement de cette Congrégation.

Le 14 février le Maréchal et la Maréchale Randon visitent, à bord de l'*Allier*, l'École des Mousses indigènes qui tirent, eux-mêmes, les salves d'artillerie de salut.

Avec cette année, se fonde l'enseignement secondaire indigène. Le 14 mars, est créé le Collège Arabe-Français installé place d'Isly, dans un bâtiment devenu Hôtel du XIXe Corps. L'établissement est placé sous l'autorité militaire; son directeur est l'orientaliste Cherbonneau; le sous-directeur, M. Depeille.

Le costume des élèves est tout oriental. Il se compose d'une veste amarante brodée de deux croissants d'or, d'une culotte bleue, d'une chéchia à longue floche.

Le 16 mars, à l'occasion de l'anniversaire de la naissance du Prince Impérial, une soirée enfantine, comportant : représentation, lunch et bal, est donnée dans les salons mauresques de la Préfecture. Collégiens, petits zouaves, élèves-mousses, jeunes indigènes se comptent nombreux, parmi les cavaliers, auprès de fillettes « toutes de dentelles, de mousseline, de rubans et de fleurs ». Au milieu d'un jardin improvisé sur la terrasse, est tiré un feu d'artifice. Le quadrille des Lanciers (d'importation récente) est dansé par certains groupes avec une précision digne d'éloges. « La majestueuse gravité des révérences à grands airs, la légèreté mesurée des joyeux *moulinets*, l'entrain et la régularité de la *chaîne* » y sont particulièrement remarqués. Et l'on félicite M. Lautour-Mezeray d'avoir eu l'idée de consacrer, à l'occasion de cet anniversaire, l'égalité de l'enfance « devancière d'une égalité plus solide et plus féconde sur laquelle s'appuiera plus tard le Prince Impérial ».

Le 4 août, l'enseignement supérieur, représenté ici depuis 1832 par une chaire d'arabe, se double de la création d'une École préparatoire de Médecine dont le docteur Bertherand est nommé directeur.

Le 28 octobre, les prix sont distribués aux élèves mousses musulmans, à bord de l'*Allier*, en présence du Général baron Renault, gouverneur par intérim, et de cinquante chefs arabes.

La cérémonie est précédée de la manœuvre du fusil, du tir au canon et de l'escalade des mâts, exercices qui causent aux chefs indigènes une surprise et une émotion des plus vives. La musique maure se fait entendre à cette fête.

Le 29 novembre, publication est faite des Fables composées par le marquis de Saint-Paulet, conseiller à la Cour d'Alger, qu'adoptent des pensionnats de la ville.

1858

Création de l'Observatoire National[1].

Le 4 mars, le Maréchal et la Maréchale Randon visitent le nouveau Collège Arabe-Français. La Maréchale s'intéresse vivement à l'organisation intérieure de l'établissement.

Le 24 juin, le Lycée reçoit, au nombre de ses élèves, trois fils d'un chef sénégalais récemment capturé.

Le même jour, le Maréchal et la Maréchale Randon offrent, au Palais d'Été, une collation aux élèves du Lycée, que le Gouverneur passe en revue dans les jardins.

1859

Le 5 février, le Préfet Géry visite le Lycée Bab-Azoun où il constate l'insuffisance des locaux. En vain, l'établissement, a été augmenté de la caserne Massinissa (emplacement de la partie nord du square Bresson). La nécessité est reconnue, de la création d'un nouveau Lycée.

Le 5 août, en commémoration des Victoires d'Italie et de la Paix, les grandes vacances du Lycée sont prolongées de huit jours.

Le 21 septembre, l'Institution Bizet procède à sa distribution des prix dans le Jardin Marengo.

Outre le charme que lui vaut son cadre de fleurs, cette cérémonie, présidée par l'Inspecteur d'Académie Vignaly, présente un attrait particulier : celui d'une représentation des provinces de France que figurent des jeunes filles du pensionnat, coquettement parées des costumes de jadis, et monologuant d'intéressante façon sur les beautés et les gloires des régions qu'elles symbolisent. Survient l'*Algérie* qui, à son tour, vante les séductions et exalte sa civilisation antique où luit le grand souvenir de saint Augustin ; puis, évoquant sa déchéance

---

(1) Installé à Colonne-Voirol, à Kouba, puis à Bouzaréah où, en 1896, il fut visité du ministre Combe, que reçut le directeur Trépied.

ultérieure, elle sollicite, pour son relèvement, le secours de ses sœurs d'outre-mer, au service desquelles elle met en retour, ainsi qu'elle l'a déjà fait, son dévouement et sa vaillance[1].

Le 24 octobre, à la suggestion de M. Trolliet, négociant à Lyon, de passage à Alger, les anciens élèves du Collège : Delorme, Petit, Pourrière, Thumerelle, Truffaut, Trèves, provoquent une réunion à la Mairie où se rencontrent une quarantaine d'anciens condisciples avec lesquels il est convenu qu'un dîner annuel dit : « des Anciens Élèves » sera fondé cette année même.

Le 27 octobre de cette année, un nouveau témoignage de satisfaction est donné à la science algérienne par l'Institut qui décerne une mention honorable au commandant du génie Hanoteau, pour sa Grammaire kabyle[2].

Le 28 octobre, la veuve de Mª Lieutaud offre à la Bibliothèque un buste et un portrait à l'huile de son fondateur, le Maréchal Clauzel[3].

Le 1er décembre, premier banquet des Anciens Élèves du Collège.

Le 13, un groupe de grands chefs indigènes, reçus par le général Yusuf, visite le Collège Arabe-Français. Ceux-ci constatent avec étonnement la vie toute fraternelle que mènent les jeunes Musulmans avec leurs condisciples européens.

1860

Le 25 mai, réunion, à la Mairie, des Anciens Élèves du Collège et du Lycée d'Alger, qui fondent leur société, laquelle se donne pour objet la création de bourses d'internat au Lycée.

A l'occasion de sa fondation, la Société crée, pour cette année, un prix de discours français pour la Rhétorique. Le bureau nommé à cette séance, reçoit mission d'élaborer, sans retard, les statuts. Il a pour président M. Delorme[4], pour trésorier, M. Pourrière. Les autres membres sont : MM. Dazinière, Barbier et Trech. La cotisation mensuelle est fixée à un franc.

Le 29, le général, vicomte de Martimprey reçoit, dans sa campagne les élèves du Collège Arabe-Français, auxquels un lunch est servi, dont la vicomtesse fait elle-même les honneurs. Le recteur Delacroix et le général Yusuf assistent à cette fête où se fait entendre la

---

(1) Cette petite fantaisie, qui montre quel souci on a déjà de rattacher les âmes algériennes à celle de la Mère-Patrie, plut infiniment, et par la haute pensée qui l'animait et par la façon toute charmante dont elle fut interprétée.

(2) Devenu général. Publia aussi un *Essai de Grammaire Touareg*. Collabora avec le magistrat Letourneux.

(3) Ce buste, qui décorait le vestibule, a été récemment retiré.

(4) Les Présidents furent dans la suite : MM. Trech, Letellier, Ch. de Galland.

musique du 9ᵉ de Ligne. Les élèves y exécutent des chants appris selon la méthode Chevé (musique chiffrée).

Le 28 juin, la distribution des prix est faite au Collège Arabe-Français dans la salle du Marché aux Grains, rue Joinville (actuelle maison du Grand Bon Marché), sous la présidence du Recteur. Un public nombreux et des plus élégants assiste à la cérémonie à laquelle la Musique Militaire prête son harmonie. Les principaux prix sont offerts par les généraux de Martimprey, Yusuf et par le Préfet. Des chœurs sont exécutés par les élèves. Le discours d'usage est prononcé par le directeur Perron.

La Marine s'est chargée de la décoration de la salle.

Le 9 août, l'Association des Anciens Élèves du Collège et du Lycée publie ses statuts.

Le 17 août, le Ministre de l'Instruction Publique félicite, par lettre officielle, les Anciens Élèves, de la constitution de leur société[1].

Le 14 septembre, la Bibliothèque d'Alger s'enrichit d'un don fait par M. Haramboure, procureur impérial à Constantine, et consistant en un manuscrit de 1554 retrouvé par celui-ci dans l'abbaye de Luz (Hautes-Pyrénées). Cet ouvrage, du prêtre Bartholomée Durador, de l'église de Saint-Jacques, de Cadix, est l'explication en langue arabe des principes fondamentaux de la religion chrétienne, et semble avoir été destiné aux Maures convertis au christianisme après la prise de Grenade.

Le 16 septembre, tout l'Enseignement s'assemble pour l'arrivée de l'Empereur. Sur son passage, une cantate est exécutée, dont la musique est de Luce et les paroles de l'instituteur Roger[2], directeur de l'École de la rue Bélisaire.

Le même jour, l'Impératrice reçoit, des dames israélites d'Alger, un éventail en plumes d'autruche dont le dessin est de Lazerges, le manche, incrusté de pierreries, du joaillier Dorez, les broderies, de l'École Luce[3].

Le 17, un bal, auquel assiste l'Empereur, a lieu dans la grande cour

---

(1) Le Recteur — d'autre part — avait, dans son discours du 17 juillet à la distribution des prix du Lycée, exprimé son vif plaisir au sujet de cette fondation.

(2) Homme de valeur que les vicissitudes de la politique firent s'exiler de Paris. Ancien secrétaire du duc d'Orléans. Ami du maréchal Pélissier. Versifia les connaissances élémentaires (Grammaire, Calcul, Géographie, Histoire) qu'il adapta à des airs populaires. Cet emploi de la rime et du chant comme moyen mnémotechnique produisit des résultats remarquables. Les survivants de ses élèves, parmi lesquels l'actuel maire d'Aboukir (où il professa), ont gardé *par cœur* le souvenir de ses strophes scolaires. Berbrugger consacra à son œuvre des articles élogieux.

(3) Cet éventail présentait, au centre, un cercle d'or d'où s'épanouissaient les plumes, avec cette inscription : *Les dames israélites à l'Impératrice Eugénie*, et en chiffres hébreux ces deux dates : *1830-1860*.

mauresque du Lycée, décorée par l'architecte Chasseriau et abritée, pour la soirée, d'une voûte en plein cintre.

Dans le fond, un trône se dresse, placé entre deux cascades. L'aspect est féerique.

L'Empereur fait une danse avec Mme Sarlande, femme du Maire.

Dans la deuxième cour, garnie d'arbustes et de fleurs, se donne une fête arabe avec danses locales dont le pittoresque intéresse vivement l'Empereur et l'Impératrice.

Le 1er décembre, les Anciens Élèves du Collège donnent leur deuxième banquet auquel assiste le Recteur. Ce banquet a lieu à l'Hôtel de l'Europe (dont l'emplacement est occupé actuellement par l'Hôtel des Étrangers).

1861

Le 28 février, la presse enregistre la mort de la première institutrice musulmane, N'fiça bent Ali, de l'École Luce.

Le 7 décembre a lieu, à la *Bourse*, le troisième banquet des Anciens Élèves du Collège. Quarante-cinq convives y sont réunis. Le camarade Trech y prononce un discours.

Le 10 décembre on procède aux premiers travaux de déblaiement sur l'emplacement que doit occuper le nouveau Lycée, près du Jardin Marengo.

1862

Le 6 décembre, banquet des Anciens Élèves, auquel assistent soixante convives, parmi lesquels l'élève Suquet de Sainte-Rose, conféré du prix d'Honneur offert par la Société.

Des discours sont prononcés par les camarades Delorme, Pourrière, de Cès-Capenne et Trech [1].

1863

Le 21 juin, un tombeau romain est découvert à douze mètres de profondeur, au cours des fouilles effectuées sur l'emplacement du Lycée. Berbrugger et le directeur général Mercier-Lacombe y pénètrent l'un après l'autre, et recueillent d'intéressants vases funéraires [2].

---

(1) A citer parmi les autres banquets, ceux de décembre 1865, à l'hôtel de Paris ; de mars 1875, au même hôtel ; de mars 1881, au Skating (bastion Magenta) ; d'octobre 1882, donné en l'honneur des camarades *parlementaires* : Letellier et Etienne ; de mars 1884, au Théâtre des Variétés ; d'avril 1888, avec les députés Etienne, Letellier et Thomson.

(2). Ce caveau a été conservé dans les sous-sols du Lycée.

Le 30 décembre ont lieu, en grande solennité, les obsèques de M. Hervé de la Provostaye, inspecteur général de l'Enseignement, officier de la Légion d'Honneur.

Cette année est fondée l'École Normale d'Instituteurs, à Mustapha-Supérieur[1].

1864

La Colonie anglaise ayant pris de l'importance, le chapelain britannique le R. G. A. Rogers fonde, pour elle, le 26 février, une bibliothèque au temple anglican.

Le 16 octobre, le Kabyle Ben Ali, du Collège Arabe-Français, bénéficiaire d'une bourse accordée par le Ministre, va rejoindre à l'École Normale de Versailles, son ancien condisciple, Ben Sedira, déjà titulaire du Brevet de capacité.

1865

Au 1er janvier, le Lycée compte 500 élèves.

Le 7 février, les élèves du Collège Arabe-Français ayant offert un superbe coffret à la Maréchale de Mac-Mahon pour une vente de charité qu'elle a organisée au profit des pauvres[2], le Maréchal vient au collège les remercier et leur annonce que leur présent a été gagné par la Maréchale elle-même.

Sur l'invitation qui leur est faite, les élèves se rendent, le même jour, au Palais, où a lieu une fête de bienfaisance. La Maréchale, qui les reçoit, leur offre des friandises. Après bien des hésitations, ils finissent par accepter et les manger... mais aussitôt sortis, ils s'empressent d'aller se confesser de la chose auprès de leur Iman, car, sans s'en douter, la duchesse de Magenta leur avait fait rompre le jeûne du Ramadan qu'ils accomplissaient alors. L'iman leur accorda sans difficulté son pardon, eu égard à la cause du péché, et proclamant en la circonstance que «l'aumône est la clé du Paradis».

Le 3 mai, les élèves des Écoles publiques, du Collège Arabe-Français et du Lycée viennent, avec des oriflammes, saluer le retour de l'Empereur.

Le 4, l'*Orphéon*, dirigé par Salvador Daniel[3], chante, au Palais d'Hiver, devant l'Empereur, le chœur de la *Muette*.

---

(1) Au lieu occupé par le Musée des Antiquités. Plus tard fut fondée l'Ecole Normale des Institutrices à Miliana. Plus tard encore furent créées à Alger des Ecoles Primaires Supérieures.

(2) En raison de la présence de la Maréchale à l'un des comptoirs, cette vente produisit exactement la somme de vingt-six mille cent soixante francs cinq centimes.

(3) Fut, un instant, sous la Commune, directeur du Conservatoire, en remplacement d'Auber.

Le 9 mai, l'Empereur visite le Lycée où le reçoit le recteur Delacroix[1]. Il décore de la Légion d'Honneur, l'Inspecteur d'Académie Vignaly. Berbrugger est fait commandeur.

Le 27 mai, 1,200 enfants des Écoles se réunissent au long des rampes du boulevard pour le départ de Napoléon. Sur son passage retentissent les cris de : « Vive l'Empereur ! Vive le Prince Impérial ! » A la marine, une fillette offre un bouquet au souverain sur la voiture duquel les enfants de la ville font tomber une pluie de fleurs.

Le 26 juillet, pour la première fois, une jeune fille d'Alger, Mlle R... passe l'examen du baccalauréat ès-lettres[2].

1866

Le nombre des élèves des Écoles primaires de l'Algérie est de 40,000[3].

A partir de cette date, la gratuité scolaire est déclarée générale.

Le 29 juillet, le maréchal de Mac-Mahon préside la distribution des prix du Collège Arabe-Français.

Le 8 août, la Bibliothèque de la Société *la Famille* reçoit, de l'Empereur, ses *Œuvres complètes* avec les deux premiers volumes de son ouvrage sur Jules César.

1867

Au début de l'année, le 5 janvier, meurt l'ancien directeur de l'École Arabe-Française, Depeille[4].

Le 25 septembre, les élèves du Collège Arabe-Français, Ibrahim ben Brimat, Rabat ben Belgassem et El Hachmi bel Ounis partent pour l'École Normale de Cluny dont le Ministre les a autorisés à suivre les cours.

Le 26 novembre, une école privée, genre Frœbel[5] s'ouvre au

---

[1] L'Empereur passa devant le front des élèves rangés en fer à cheval dans la grande cour. Des parents occupèrent la galerie supérieure. La jeunesse mêla à ses acclamations le souvenir du Prince Impérial. Le souverain visita ensuite le Collège arabe-français.

[2] Deux ans auparavant, à Paris, Mme Daubié avait, la première, de France, passé cet examen, et Mme Chenu, celui du baccalauréat ès-sciences.

[3] Les écoles comptèrent :

En 1832............	117	élèves.	En 1844............	7.311	élèves.
1833............	537	—	1850............	9.678	—
1835............	614	—	1864............	36.837	—
1837............	1.202	—	1878............	41.703	—

[4] Reproduit, avec ses élèves par l'*Illustration*, en 1858. Fut inhumé à Birmandreïs. Malheureusement aucune trace ne subsiste de sa sépulture.

[5] Éducateur allemand par qui fut préconisé, pour les petits, l'enseignement eu

numéro 50 de la rue Napoléon (de la Lyre), sous la direction de Mme Frédérich Heckmann [1].

1868

Le 9 juin, la Maréchale de Mac-Mahon visite l'école espagnole fondée, depuis peu, par le consul d'Espagne, Vidal et dirigée par MM. Alted et Balesteros. La Maréchale, après avoir parcouru les salles d'étude et interrogé les élèves, fait à ces derniers une copieuse distribution de dragées.

Le 26 juillet, se fonde, à Alger, une Société des Beaux-Arts[2].

Le 1er octobre, le Lycée s'installe en ses nouveaux bâtiments, au delà de la rue Bab-el-Oued[3].

Le 16 décembre, Berbrugger fait transférer au Musée les inscriptions arabes décorant certaines salles de l'ancien Lycée de la rue Bab-Azoun[4].

Le 18 décembre, l'orientaliste Bresnier offre à la Bibliothèque d'Alger un panneau de calligraphie dont il est l'auteur et reproduisant, sur un fond de délicates enluminures bleu et or, le premier chapitre du Coran, conservé à la mosquée *Ed-Djedid*[5].

1869

Cette année apporte à notre enseignement indigène un hommage de l'Étranger. Le Ministre de l'Instruction Publique de Russie ayant

plein air, avec jeux d'ensemble (gymnastique et chants), emploi de figures géométriques de bois, d'anneaux, de bâtonnets utilisés à des constructions diverses, avec aussi des exercices de découpage et de pliage.

(1) Cette école fut transférée, peu à près, rue d'Isly, où elle devint réellement un *Jardin d'enfants*.
L'*Akhbar* de l'époque fait connaître que déjà une division préparatoire, organisée suivant cette méthode d'enseignement, commençait à fonctionner au Lycée avec les petits élèves : « Yusuf, Faure, René Sorbier et Bourjol ».

(2) Une société de ce genre avait été fondée en 1850, mais elle ne se maintint pas. La nouvelle société eut, dans la suite, une section des Lettres où se firent entendre MM. de Galland, Alaux, etc.
Les Beaux-Arts ouvrirent au public leur musée de peinture le 25 septembre 1873.

(3) La construction couvrit une surface de un hectare quarante-deux ares. Elle revint à 2,902,800 francs. Son développement parut si excessif, qu'en 1874 une commission d'architectes y vint dans le projet d'en affecter une partie à la Cour d'Assises. Pourtant, dès 1886, il fallut adjoindre à l'établissement l'annexe de Ben-Aknoun !

(4) La plus ancienne, déposée chez l'ancien Principal, Barthélemy, manqua à cette collection. La plaque-enseigne de l'ancien Lycée fut conservée par les Anciens Élèves en leur salle de réunion. Les colonnes ciselées furent transportées, en 1874, au Palais d'Été, où elles constituèrent un élégant kiosque de jardin, disparu aujourd'hui.

(5) Ce travail, qui figura à l'Exposition de 1867, se trouve dans la salle des Manuscrits. Bresnier, qui s'adonna avec succès à la calligraphie persanne, turque et arabe, offrit, en 1866, à la mosquée *Ed-Djedid*, une inscription qui décore la droite du *Mirhab*.

décidé la fondation d'écoles et de collèges pour les nouveaux sujets de Circassie, un conseiller de Cour, M. Kotchétoff, est chargé d'étudier à Alger et dans les provinces, les procédés mis en œuvre par les professeurs pour l'enseignement de la langue française aux Indigènes sans le secours de la langue arabe. Le délégué russe constate au Collège Arabe-Français les remarquables résultats obtenus avec l'emploi des images et des tableaux intuitifs.

Et c'est, à ce moment, l'inauguration des conférences-promenades.

Pour satisfaire, en effet, à la curiosité scientifique de nombreux Algérois, une première excursion botanique et archéologique est conduite, le 23 mars, par le professeur Durando et le docteur Berjot, aux dolmens de Guyotville[1].

Le 22 juin, l'orientaliste Bresnier meurt en entrant dans la Bibliothèque (rue de l'État-Major) dont il est destiné à devenir le conservateur. Son corps demeure dans l'établissement jusqu'à l'heure des obsèques[2].

Le 2 juillet, meurt à son tour, le savant Berbrugger[3]. Son corps est transporté à la Bibliothèque où la milice, dont il est le colonel, se rend avec son drapeau et sa musique.

Le 4 juillet, ont lieu ses funérailles auxquelles assiste le maréchal de Mac-Mahon, ainsi que toutes les autorités civiles et militaires. Le directeur du Collège Arabe-Français, Cherbonneau, prononce son éloge funèbre. Les honneurs sont rendus par les zouaves, les tirailleurs et l'artillerie[4].

Le 11 juillet, le géographe Mac-Carthy est nommé conservateur de la Bibliothèque d'Alger[5].

(1) Ces dolmens, au nombre de quatre-vingts, dans le ravin de Beni-Messous, avaient fait supposer que la cohorte bretonne du tribun Gargilius, chef des Vexillaires et décurion d'Auzia (Aumale) et de Rusguniæ (Matifou), dormait là. La découverte de nouveaux monuments mégalithiques sur d'autres points de l'Algérie fit abandonner cette hypothèse.

(2) Né à Montargis en 1814. Son buste, que firent ciseler par Bassot les interprètes d'Algérie, se dressa bientôt en cette enceinte.

(3) Né à Paris en 1801. Fondateur et conservateur de la Bibliothèque Nationale (1835). Décoré en 1838. Commandeur en 1865. Ancien élève du Lycée Charlemagne et de l'École des Chartes. Chargé, en 1832, par le Gouvernement, de rechercher dans les Bibliothèques et Archives de France, les documents relatifs à l'occupation du Royaume par les Anglais pendant la Guerre de Cent Ans. Secrétaire particulier du maréchal Clauzel (1834). Recueillit de précieux manuscrits à Constantine à la prise de laquelle il assista. Se livra à de fructueuses études dans la province d'Oran, dans le Sahara, en Kabylie. Fonda la Société Historique d'Alger. Étudia le Tombeau de la Chrétienne. Publia de nombreux articles sur l'archéologie de l'Algérie. Auteur d'un précieux album sur Alger et l'Algérie.

(4) On lui érigea un tombeau.

(5) Décoré par l'Empereur (1865). Eut pour successeurs : MM. Maupas et Esquer. (MM. Benjamin Constant et E. Gojon, administrateurs pendant la grande guerre).

L'École Arabe-Française de M. Depeille — 1858

(Illustration)

L'École de Broderie arabe de Mme Luce — 1858

(Illustration)

1870

Cette année, une nouvelle statistique de l'enseignement algérien est publiée[1].

Le 20 mars, les Sœurs de Saint-Joseph des Vaus s'installent à El-Biar.

Le 1er juillet, les Trinitaires ouvrent leur pensionnat, boulevard du Centaure (actuel boulevard Gambetta)[2].

Quelques jours plus tard, éclate la guerre avec l'Allemagne. La France traverse une période des plus douloureuses où s'exalte l'âme nationale.

Des œuvres au profit des blessés s'organisent.

1871

Le 12 mars, mus par un sentiment patriotique, les lycéens donnent un concert dans la salle des Beaux-Arts, sous la direction de M. Luce et avec le concours d'un de leurs professeurs, M. Ch. de Galland[3].

L'heure est maintenant aux économies. Le 24 octobre, un décret décide la réunion du Collège Arabe-Français au Lycée.

Le 6 novembre, le Collège est fermé; ses élèves, en grande tenue, se rendent au Lycée où les attendent toutes les classes formées en carré dans la grande cour. Un roulement de tambour salue leur arrivée. Le proviseur, M. Grasset, leur souhaite la bienvenue. Bientôt, Français et Indigènes fraternisent dans la plus grande gaîté.

Le 20 décembre, la presse enregistre la mort de Bastide, le fondateur de la librairie littéraire et scientifique à Alger (1833).

---

[1] Elle fait connaître qu'il existe dans la Colonie : 1 école secondaire de médecine ; 1 lycée ; 1 école normale ; 8 collèges ou institutions secondaires ; 2 collèges arabes-français ; 465 écoles primaires ou institutions privées ; 30 écoles arabes-françaises ; 3 grands séminaires et 3 médersa ; 1 école indigène d'arts et métiers.
Elle apprend aussi que, parmi les indigènes, 9 suivent le cours de médecine ; que 5 ont été reçus aux Écoles Normales ; 6 au brevet élémentaire ; 3 à l'école d'Alfort ; 5 à Saint-Cyr ; 22 à Saumur ; 1 au baccalauréat ; 1 à l'examen d'inspecteur primaire.

[2] Alger compta bien d'autres maisons d'éducation où furent élevées maintes aïeules d'aujourd'hui. Citons dans le nombre : l'Institution Vachot, rue de la Révolution, où sont à présent des Religieuses ; les Pensions Brunet, rue Clauzel ; Mouillard, au village d'Isly ; Halloche, rue de Joinville ; Battarel, rue de l'Etat-Major ; le Pensionnat de la Doctrine-Chrétienne de la rue Roland-de-Bussy, etc.
A ces maisons du passé ont succédé des établissements tels que la Pension Jeanne-d'Arc, le Cours Fénelon, etc.
Pour les garçons, Alger eut l'ancienne Institution Simand ; dans la suite, l'Institution Patry, l'École Montalembert ; la Pension Reumeaux ; le Pensionnat Saint-Joseph à El-Biar ; l'École de Notre-Dame-d'Afrique (ancien Carmel) ; l'École Lavigerie.

[3] Compta avec MM. Welsch, Griess, Puzin, au nombre des professeurs d'Alger, anciens élèves du Lycée.

1872

Le 2 mai, une vente — pour la libération du territoire — à laquelle s'est associée la jeunesse scolaire, est ouverte dans le jardin de l'établissement Beretta, installé sur les ruines de l'ancien Lycée de la rue Bab-Azoun[1].

Le 12 juin, M. J. Patenotre, ex-professeur de seconde au Lycée d'Alger, part pour Athènes avec M. Jules Ferry en qualité d'attaché d'ambassade et de secrétaire particulier du Ministre.

Le 25 août, la maison Jourdan publie la traduction en arabe du chapitre XIII de *Don-Quichotte* dont a été chargé M. Ben Sedira, professeur à l'École Normale d'Alger, par la société fondée en Espagne pour la reproduction, au moyen de la photographie, de l'édition de cette œuvre parue en 1605[2].

Le 15 décembre, fondation de la Ligue de l'Enseignement.

1873

Un nouveau collège se fonde, celui des Pères Jésuites (Saint-François-Xavier), rue des Consuls[3].

Le 25 septembre, la Société des Beaux-Arts ouvre son musée de peinture au public.

Le 1er novembre, la Bibliothèque municipale est ouverte pour la première fois au public[4].

Le 20, la presse demande la création d'une Société de Géographie.

Le 28 décembre, nouveau succès féminin. Mlle Fauconnet passe, la première, l'examen du brevet d'arabe[5].

---

(1) Ce jardin fut créé, parmi les décombres, sur l'initiative de l'amiral de Gueydon. A partir de mars 1875, la *Sainte-Cécile* (orchestre du Théâtre) y donna des concerts publics. (Espace compris entre les rues Littré et du Laurier).

(2) Ce chapitre a pour titre : *Des conseils que donna Don Quichotte à Sancho-Pança avant que celui-ci allât gouverner son île.*

(3) Ancien Consulat de Suède. Eut comme élèves les généraux Vuillemot (fils) et Mangin.

(4) Cette Bibliothèque, aujourd'hui boulevard de la République, à l'Hôtel de Ville, a deux succursales : au Musée et rue de Normandie.
Son actuel bibliothécaire, M. Cornelz, ingénieur, est l'auteur d'une étude : *Le Sahara Tunisien en 1896*, écrit après quatre années de séjour en cette région, et de : *Les Explorarations et les Voyages des Fourmis* (1914).

(5) Plus tard, furent créés le diplôme d'arabe, le brevet et le diplôme de kabyle (avec primes de 300 et de 500 francs chacun), le brevet de dialectes berbères.

1874

Le 8 mars, M. Viviani (père du parlementaire), obtient pour les lycéens en vacances, le bénéfice du demi-tarif sur les chemins de fer.

Le 31, la Science a la satisfaction de découvrir, au cours de fouilles effectuées dans le champ des dolmens de Guyotville, des poteries, des ustensiles, des bijoux de bronze.

Le 26 juillet, le proviseur Grasset est fait chevalier de la Légion d'Honneur.

Le 27, le général Chanzy préside la distribution des prix du Lycée.

Le 29, a lieu la première distribution des prix au Collège des Jésuites où se fait entendre la musique des zouaves.

Le général Wuillemot y représente le Gouverneur général.

Cette année, le Lycée est élevé à la deuxième classe des établissements de cette catégorie.

Le 18 décembre, décret instituant l'École Normale de jeunes filles de Miliana.

1875

Apparition du premier Bulletin de l'Enseignement algérien.

Le 29 juin, Alger compte une nouvelle bibliothèque, celle du Cercle militaire, qu'inaugurent à cette date les généraux Chanzy et Wolff.

1876

Le 1er février, le Lycée reçoit du Ministre, pour sa chapelle, une copie du tableau de Raphaël: *Saint Michel terrassant le Démon*.

Le 29 avril, le général Chanzy, gouverneur général, accompagné du général Wuillemot et de MM. de Salve, recteur, et Boissière, inspecteur d'Académie, visite le Lycée. Il passe en revue les élèves rangés dans la grande cour ainsi que la compagnie des jeunes fusiliers de cet établissement, qui viennent d'être armés du chassepot.

Le 19 novembre, meurt le conservateur des Domaines, Albert Devoulx, arabisant à qui l'on doit nombre de traductions intéressant l'Histoire d'Alger.

1877

Le 5 janvier, le professeur d'Histoire, Maurice Wahl, successeur au Lycée d'Alger, de Georges Duruy, inaugure ses conférences au Cercle militaire.

Le 6 avril, les anciens lycéens apprennent non sans tristesse la destrution des deux bellombras géants de la cour de leur maison d'étude sous lesquels ils avaient pris jadis leurs récréations[1].

Le 27 mai, obsèques de l'éminent professeur d'arabe du Lycée, M. Richebé, élève de l'École des Langues Orientales.

Le 1er juillet, les élèves, les anciens élèves et les fonctionnaires du Lycée offrent à la Compagnie des Fusiliers de cet établissement un étendard[2].

1878

Le 26 décembre, le Lycée, fête par un banquet l'inscription de son millième élève. Un discours est prononcé par M. Toubin, professeur d'Histoire, auquel répond M. Grasset, proviseur[3].

1879

Le 10 août, se fonde une première Société de Géographie. Elle compte, le 4 septembre, 200 membres. Son président est M. Mac-Carthy. Ses présidents de sections : MM. Titre, Rinn et Samary.

Le 18 août, le Conseil départemental s'occupe de l'institution nouvelle du certificat d'études primaires.

Le 23, succès pour le Lycée. L'élève Georges Martin obtient le premier prix au concours général des Lycées et Collèges de France et est proclamé *premier* en Sorbonne. Ses compositions l'emportent sur celles de Paris.

Le 30 octobre, le Gouverneur général Albert Grévy visite le Lycée où le reçoit le proviseur Sornein.

Le 20 décembre, une loi décide la création, à Alger, d'Écoles Supérieures de Droit, des Sciences et des Lettres.

1880

Le 10 janvier, M. Masqueray, du Lycée d'Alger, est nommé directeur des Écoles Supérieures[4].

Le 17 mars, ouverture des cours de l'École de Droit[5].

(1) Cette cour était encore décorée de pampres s'enlaçant aux colonnes. Une fête chorégraphique mauresque y fut donnée devant l'Empereur, en 1860, que reproduisit *l'Illustration*.

(2) Cet étendard, confectionné à Lyon, porte d'un côté cette inscription : *Université de France*, et, de l'autre, *Collège d'Alger 1835 — Lycée d'Alger 1848*.

(3) Le Lycée compta, en 1848, 41 internes, 150 externes. En 1869, 104 internes, 363 externes. En 1878, 434 internes, 569 externes. En 1914, en tout, 1,570 élèves.

(4) Auteur des premiers travaux sur Timgad. Fut secrétaire de Victor Cousin.

(5) Vingt ans auparavant, Alger avait été doté d'une école préparatoire de Droit

Le 26 avril, le Lycée reçoit onze jeunes Annamites que le Gouverneur de la Cochinchine y envoie pour terminer leurs études.

Le 3 mai, inauguration des Écoles Supérieures, rue Scipion, par le recteur Belin.

Le 5 juillet s'ouvre la première session du baccalauréat ès-lettres.

Le 22, le Lycée est, par décret, élevé à la première catégorie des établissements d'enseignement secondaire.

Le 28, institution du brevet kabyle.

Cette année, pour la première fois, un universitaire, M. Guillemin, devient maire d'Alger [1].

1881

Le 3 janvier, l'École des Lettres s'installe rue de la Licorne [2].

Le 5 février, l'autorité militaire cède à l'autorité civile le terrain du camp d'Isly où doivent être édifiées les Écoles Supérieures.

Le 3 mars, l'Association des Anciens Élèves du Lycée, que préside le camarade A. Letellier, crée quatre bourses d'externat pour les enfants des condisciples d'autrefois [3].

Le 3 avril, s'inaugure, à Mustapha, une exposition régionale à laquelle prend une large part l'Enseignement. Elle présente avec des œuvres des écoles des Beaux-Arts et des Arts et Métiers, d'intéressants travaux de tous genres, exécutés par les élèves des collèges et ceux des Écoles européennes et indigènes. Il s'y trouve maintes nouveautés du matériel et de l'outillage classiques : tables hygiéniques, ardoises de carton, compendiums métriques, etc.

La librairie algérienne offre de belles éditions de livres d'étude,

---

(1) Un autre universitaire, M. de Galland le devint aussi en 1911.
Il y eut aussi, en cette catégorie, des conseillers municipaux, tels : MM. Serpaggi, Vahl, Cat, Alaux, Demontès, Rouyer, Béraud, Lemate, Rigal, Dupuy ; des conseillers généraux : MM. Serpaggi, les docteurs Trolard, Bounhiol ; des parlementaires : MM. Maurice Colin, etc.

(2) Avant que fut fondée la section des Lettres des *Beaux-Arts*, Alger avait eu la Société littéraire de *Saint-Augustin*, créée en 1844 par Mgr Dupuch et qui s'éteignit vite faute de publicité.
En 1847, une Société « des Lettres, des Sciences et des Arts », dont les membres furent, peu après sa fondation, dispersés par la Révolution de Février. En 1866, un cours public de littérature, autorisé par le Ministre, avec M. Brédif, professeur au Lycée, puis à Besançon, et qui eut un succès mondain.
Aux Beaux-Arts, furent données des conférences par MM. Jules Lemaitre, Alaux, de Galland, etc.

(3) Elle décerna en outre, chaque année, un prix d'honneur pour les hautes classes des Lettres et de l'Enseignement spécial et un livret de Caisse d'épargne pour l'élève des écoles primaires classé premier aux examens du certificat d'études. Elle offrit des arbres de Noël aux enfants pauvres.

des traités de langue arabe, de Machuel, de Ben Sédira, des cartes de la Colonie (Jourdan)[1].

Le 14 avril, ouverture du Congrès des Sciences que préside le docteur Chauveau, directeur de l'École Vétérinaire de Lyon, et comptant parmi ses membres : le sénateur Pommel, le conseiller d'État Clamageron, les docteurs Verneuil, Troupeau, Bourlier, Benjamin, Milliot, Feuillet, Prengruber. Il y est traité du paludisme, de la clavelée, du charbon, de la vaccination chez les Indigènes.

La section d'Économie Politique s'occupe des questions d'autonomie, de rattachements.

Le 8 novembre, un décret institue l'École des Beaux-Arts[2].

Le 24 décembre, le Gouverneur Tirman visite le Lycée où le reçoivent le Recteur Belin, le Proviseur Sornein, l'Inspecteur d'Académie, de Pontavice et les professeurs. Le rhétoricien Padovani (qui devint professeur de rhétorique) lui souhaite la bienvenue.

1882

Le 17 avril, arrive l'Inspecteur général Foncin[3], venu pour l'application de la loi sur l'enseignement obligatoire[4].

Le 1er mai, le photographe Portier est chargé, par le Corps enseignant d'Oran, de préparer un album algérien destiné à Paul Bert en souvenir de son voyage en Algérie.

Le 10 août, M. de la Blanchère, chargé de cours à l'École Supérieure des Lettres, ancien membre de l'École de Rome, reçoit du Gouvernement mission de terminer son étude sur le drainage antique des terres Pontines et des Abruzzes.

Le 20 décembre, les Anciens Élèves du Lycée donnent, à l'occasion de leur 22e anniversaire, un bal au Théâtre Provisoire (bastion Waïsse) auquel assistent le Gouverneur avec sa famille, le Préfet Firbach, le Général Loysel, le Maire Feuillet.

La même année est créée l'École d'Agriculture de Rouïba.

---

(1) Les écoles d'art indigènes se signalèrent plus tard aux Expositions Universelles de Paris et de l'Étranger.
L'Enseignement se produisit en d'autres Expositions algéroises.

(2) Cette École eut pour directeur M. Labbé. Fut d'abord rue Charles-Quint. Est aujourd'hui rue d'Orléans (ancienne mosquée *El-Kéchach*). Antérieurement, Alger avait une École Municipale de Dessin où professèrent MM. Bransouillet et Sintès.
Elle fut, 2, rue du Lézard (1856), puis rue Bab-el-Oued, 18.

(3) Sept ans plus tard, vint, par deux fois, l'inspecteur général Leysséine, qui visita les Écoles et se rendit en Kabylie.

(4) Avec les nouvelles lois sur l'Enseignement primaire, fut institué le Certificat d'Études auquel s'ajouta plus tard le Certificat d'Études Supérieur.

1883

Le 20 décembre, Victor Hugo accepte la présidence d'honneur de la société l'*Union Dramatique*, constituée en 1881 par les lycéens d'Alger.[1]

1884

Le 17 avril, Paul Monceaux, aujourd'hui au Collège de France, est nommé au Lycée[2].

Le 6 août, l'élève Chassagny (devenu inspecteur général), est reçu avec le n° 5 à Normale Supérieure (sciences).

Le 3 décembre, l'historien Cat (qui devint inspecteur d'Académie), est nommé maître de conférences à l'École des Lettres.

La même année, est nommé, recteur à Alger, M. Boissière, qui y avait été professeur au Lycée en 1860 et inspecteur d'Académie en 1875[3].

1885

Le 30 mai, Élisée Reclus donne au Théâtre une conférence sur l'Angleterre et la Russie.

Au cours de cette année, est repris, par le recteur Jeanmaire, sur une plus large base, l'enseignement indigène[4], lequel, plus tard, comportera des études d'ordre professionnel avec écoles d'arts (tapis, broderie, céramique, ébénisterie, etc.).

Le 11 juillet, le Recteur reçoit la Légion d'Honneur.

1886

Le 1er octobre s'ouvre, à Ben-Aknoun, un lycée annexe[5].

---

(1) Cette Société, qui donna ses représentations au Théâtre Malakoff, eut comme membre Paul Gavault. Une société du même genre se fonda peu après sous le nom de *Concordia*.

(2) Auteur du bel ouvrage : *L'Afrique Chrétienne*.

(3) Auteur d'ouvrages d'archéologie. Il avait été, à la recommandation de la princesse Mathilde, admis à faire partie de la mission Desjardins qui releva les inscriptions romaines des principautés danubiennes.

(4) Un cours normal d'indigènes est bientôt créé à l'École Normale (transférée de Mustapha-Supérieur à Bouzaréah), ainsi qu'une section d'enseignement spécial pour les instituteurs destinés à exercer en Kabylie.

Des bâtiments scolaires furent construits en maintes localités; mais, chez les nomades, l'école dut s'improviser sur une natte déroulée à chaque lieu de campement.

A titre d'encouragement, dès 1887, les élèves arabes et kabyles, pourvus du Brevet élémentaire, eurent, sous la conduite de l'Inspecteur Scheer, l'agrément d'une visite à Paris et aux grandes villes de France.

(5) Visité en 1896 par le Ministre, Combes.

Cette année est créée la Bibliothèque Pédagogique de l'Enseignement primaire qu'organise l'instituteur Vieulle (dans la presse Paul Gisel)[1].

1887

Le 28 mars, fondation, à Oran, d'une société des anciens élèves du Collège où sont admis ceux du Lycée d'Alger fixés dans le département de l'ouest.

Le 12 avril, arrivée de M. Berthelot, ministre de l'Instruction Publique (avec les ministres Granet et Millaut), venu pour le Congrès de la Ligue de l'Enseignement.

Le 13, ouverture du Congrès à l'École de Lettres, rue Arago[2].

Le 14, M. Berthelot inaugure les Écoles Supérieures[3] en leurs

---

[1] Le Lycée eut sa bibliothèque particulière. Les Écoles Supérieures, leur grande bibliothèque qui succéda à l'ancienne *bibliothèque roulante* créée au Rectorat.

[2] Dans les réunions du Congrès, des vœux furent émis en faveur de la création d'un service de missionnaires de l'Instruction Publique en Kabylie (instituteurs ambulants, comme en Norvège); de l'extension de l'étude de la langue arabe; de la vulgarisation des œuvres classiques par des tournées de la Comédie Française; de la multiplication des conférences-projections (vœu bientôt réalisé par *les Amis de l'Université*); de l'augmentation des colonies de vacances; des sociétés de tir, de gymnastique — pour les jeunes filles, de l'institution de cours d'administration ménagère.

A la séance inaugurale, Jean Aicard fit l'apologie de la poésie à l'École et présenta son ouvrage : *Le Livre des Petits*.

[3] L'École de Droit fut, au début, l'École Préparatoire. Devint Faculté en 1910, ainsi que les autres Écoles. Délivre, en plus des diplômes de France, des diplômes de Législation Algérienne, de Droit Musulman, de Coutumes Indigènes.

L'École de Droit se signala par les œuvres — spéciales à l'Algérie — des professeurs : Estoublon Gérard, Vincent, Lefébure, Charpentier, Maurice Colin, Mallarmé, Larcher, Thomas, Zeys, Dujarier Gérard, etc.

L'École des Sciences rendit d'éminents services à la Colonie par ses études géographiques, géologiques, par des recherches ayant pour objet des applications industrielles et agricoles.

Eut un observatoire jusqu'en 1888, à Kouba, puis à Bouzaréa; une station zoologique pour l'étude de la faune marine, à l'Amirauté; une station météorologique à la Mairie. Se signala par les travaux de MM. Thévenet, Trépied, Thomas, Muller, Malbot, Pomel, Pouyanne, Fischeur, Flamand, Brives, Seurat, fondateur de la Société d'Histoire naturelle, etc.

L'École de Médecine s'illustra aussi des œuvres des professeurs Texier, Gros, Cochez, Moreau, Guillemin, Malosse, Hérail, Battandier, Trabut, Soulié, etc. Compta les docteurs Scherb, Trolier, Bruch, Gillat, Baltez, Vincent, Cabane, Stéphan, Caussanel, Spielmann, Curtillet, Trolard, Mertz, Goinard, Rouvier, Cange, Ardin-Delteil, etc.

L'École des Lettres offrit les remarquables travaux de MM. de la Blanchère, Waille, Gsell, Masqueray, Fagnan, Cat, Carcopino, Fournier, Doutté, G. Colin, Lefébure, A. Bernard, Yver, Bell, Martino, Marçais, Mouliéras.

A signaler l'essor donné à la Société de Géographie par son président, M. Mesplé.

A rappeler, d'autre part, la mission accomplie par M. Flamand dans le Sahara.

A rappeler, en outre, l'œuvre importante du bibliothécaire des Facultés, M. Paoli (plus de cinquante publications). Citons au hasard du souvenir : *Le Remords chez*

nouveaux bâtiments de l'Agha[1]. Il décore M. Pomel, Directeur de l'École des Sciences[2].

Le 15, inauguration, par M. Berthelot, du Collège de Blida.

Le 18, inauguration, en présence de ses deux fils, à Kouba, de la statue de l'ancien élève du village, le Général Margueritte. Jean Aicard dit une ode au héros de Sedan[3].

Le 23 août, le Gouvernement de Madrid envoie au Consulat espagnol, une plaque de bronze destinée à rappeler le souvenir de Cervantès en l'une des grottes du Hamma.

Le 25, le Ministre de l'Instruction Publique, Spuller, informe le sénateur Mauguin qu'il vient de commander au sculpteur Laurent Daragon, un buste en bronze du Général Cavaignac, destiné au village de ce nom.

Le 2 octobre, arrivée, à bord du *Comqrin*, du jeune Annamite Ki-Dong, que le Gouvernement a ordonné d'interner au Lycée[4].

Le 27 décembre, institution du diplôme de dialectes berbères.

1888

Le 13 février, nommée pour juger de l'authenticité historique de la grotte de Cervantès, une Commission, dont font partie MM. H. de Grammont, président de la Société Historique; Masqueray, Waille, Toubin, professeurs, déclare que la dite grotte lui paraît réunir, quant à cette appellation, toutes les conditions topographiques et

---

les Coupables, 1887 ; *Le nouveau Code pénal italien*, 1892 ; *La Sécurité en Algérie : La Population des Prisons italiennes* ; *La Criminalité en Italie* ; *Le Saint-Simonisme en Italie* ; *Le Mal de l'Algérie*, 1889 ; *L'Anthropométrie à Alger* ; *L'Enseignement Supérieur à Alger*, 1897 ; *Les Travaux Parlementaires sur l'Algérie, la Tunisie et le Maroc* (1909-17).

Parmi ses plus récents articles (Revues parisiennes) : *La Question des Etrangers*, 1905 ; *La Bibliothèque Universitaire d'Alger*, 1906-1907 ; *Le Mouvement Socialiste à Alger*, 1905 ; *Les Congrès Socialistes Algériens*, 1903 ; *Les Écoles Supérieures*, 1905.

En 1909, les Écoles Supérieures devinrent Facultés. Des Bulletins ont publié leurs travaux.

(1) Couvrant une superficie de 36,000 mètres. Coûtèrent 2,600,000 francs.

(2) Le Ministre alla visiter les écoles de Kabylie. Une jeune mauresque de Taddert fut désignée par M. Berthelot pour l'école d'Aït-Hichem et se trouva, de ce fait, la première monitrice indigène nommée en Algérie.

(3) L'Histoire a été encore rappelée à Alger par les statues : du duc d'Orléans, de Bugeaud, de Mac-Mahon ; par les bustes : du maréchal Pélissier, du docteur Maillot, de Cervantès, etc. ; par l'obélisque de l'Armée d'Afrique ; par l'épigraphie : (Regnard, chevaliers Savignac et Villegaignon, P. Levacher, etc.), par des écussons de rues.

(4) Alors âgé de 13 ans. De son vrai nom : Nguyen-Kan, surnommé Ki-Dong (l'enfant merveilleux) en raison de son intelligence précoce. Sut de bonne heure toutes les lettres chinoises. A 7 ans, interprétait Confucius. Une sédition se le donna pour chef. Revenu en son pays, y provoqua un nouveau soulèvement.

autres, indiquées par Haëdo, le seul écrivain — à son avis — dont le témoignage ait une valeur décisive en la question.

1889

Le 2 mai, à l'occasion des fêtes du Centenaire de la Révolution, le Ministre autorise l'Enseignement à vaquer du 4 au 8 mai.

Le 21 juin, le professeur Masqueray part pour l'Exposition, sur le *Kléber*, avec deux Touaregs détenus au fort Bab-Azoun et auprès desquels il s'est initié au dialecte *Taïtoq* en vue de la création d'un Dictionnaire.

Le 19 août, arrivée au Lycée des princes sénégalais Insa-Bâ et Ibrahima, fils du roi des Nalous, Dina-Salifou[1].

Le 1er novembre, l'École Préparatoire de Médecine est élevée au rang d'École de plein exercice[2].

1890

Le 3 mars, le Conseiller à la Cour, Letourneux, auteur d'ouvrages sur la langue berbère, sur la zoologie et la botanique africaines, meurt à Saint-Eugène.

Le 25, Saint-Saëns, en villégiature à la Pointe-Pescade, achève son opéra *Ascanio*.

1891

Le 31 janvier, François Coppée donne, à la Mairie, au profit des Pauvres, une conférence à laquelle assistent M. Tirman, le Préfet, le Maire, les professeurs. Le poète lit quelques-unes de ses œuvres empruntées au *Reliquaire*, aux *Intimités*, puis les *Aïeules*, le *Liscron*, etc.

Le 10 mai, M. Foncin fait, à la Mairie, une conférence sur l'Alliance Française et l'Instruction des Indigènes.

Le 21, le lieutenant de vaisseau Julien Viaud (Pierre Loti)[3], du *Formidable*, reçoit, par télégramme, la nouvelle de son élection à l'Académie Française. Un grand déjeuner est donné en son honneur à bord du vaisseau-amiral.

---

(1) Le prince Ibrahim se distingua pendant la guerre. Deux fois blessé, reçut, comme lieutenant, en janvier 1916, la Croix de Guerre.

(2) Cette École, en 1893, fut dotée de chaires de Bactériologie et de Parasitologie. Elle décerna des diplômes de médecin, de pharmacien et de sage-femme de 2e classe, d'herboriste. Prépara des auxiliaires indigènes. Fit passer, plus tard, le Doctorat. Un Institut Pasteur lui fut adjoint. Faculté depuis 1909.

(3) Écrivit sur Alger les *Trois Dames de la Casbah*.

Le 28 juin, mort du poète algérien, Marie Lefèvre, archiviste de la Préfecture.

En juillet, aux Prix du Lycée Voltaire, M. Foncin exalte l'œuvre de l'Enseignement Indigène en Algérie.

1892

Le 13 janvier, mort du botaniste Durando. Le Club Alpin, la Ligue de l'Enseignement, les Internes de l'Hôpital Civil, l'Administration du Jardin d'Essai couvrent de couronnes le cercueil du sympathique organisateur des excursions algéroises du dimanche[1].

Le 13 mars, arrivée des deux Coquelins (Cadet et Jean) et de Mme Favart qui donnent, comme première représentation, *Mademoiselle de la Seiglière*.

Le 16 mars, inauguration d'un Concours de Musique auquel prennent part, avec les sociétés de l'Afrique du Nord, neuf cents musiciens et chanteurs de la Métropole[2].

Le 4 mai, arrivée du Ministre de l'Instruction Publique, Léon Bourgeois, venu avec les sénateurs Combes et Labiche, membres de la Commission d'Étude sur l'Algérie, instituée par le Parlement. Le Recteur donne en son honneur, aux Écoles, un dîner auquel assiste Jules Ferry.

Une réception suit, à laquelle sont conviés les professeurs et les étudiants lauréats.

Le 5, le Ministre visite l'École de Droit où le reçoit le Directeur Estoublon.

Le 16, de retour de Kabylie, le Ministre visite la Ligue de l'Enseignement et l'École Normale.

Le 22 décembre, ont lieu, en grande solennité, à Birkadem, les obsèques de l'Inspecteur Principal des Écoles Indigènes, Schéer, auxquelles assistent, avec les membres de l'Enseignement européen et indigène des trois ordres, de nombreuses personnalités musulmanes et françaises[3].

(1) Fit partie du groupe Alphandéry, Andréani, Gastu, Vico (rappelé par une plaque au Lycée de jeunes filles), Letellier, Serpaggi, qui fonda la Ligue de l'Enseignement et des Bibliothèques Populaires; fut chargé par Hardy d'organiser l'herbier du Jardin d'Essai.

(2) A la fin du Concours un défilé a lieu sur le *Boulevard*, où les Algérois, charmés de voir tant de compatriotes d'Outre-Mer, considèrent avec intérêt ces *fanfares*, ces *lyres*, ces *harmonies*, ces *philharmoniques*, ces *orphéons*, ces *estudiantinas*, ces *Saint-Hubert* des provinces diverses dont les bannières constellées de médailles redisent agréablement à leurs yeux les noms de maintes localités du pays de France.

(3) A rappeler que dans le cimetière de la commune voisine, Birmandreïs, fut inhumé le Directeur de la première École Arabe-Française, Depeille, de la sépulture duquel, malheureusement, plus rien aujourd'hui ne subsiste.

(Des biographies de Schéer furent données par Sarcey dans le *Petit Journal*; par Rambaud, dans la *Revue Bleue*; par Peyrouton, dans l'*Estafette*).

Le 20 décembre, Masqueray publie son livre : *Souvenirs et Visions d'Afrique*[1].

1893

Le 13 janvier, Coquelin aîné et son fils Jean viennent à Alger, donner *la Joie fait peur, Gringoire, les Précieuses Ridicules*.

1894

Le 1er mars, la Médaille d'Argent de l'Enseignement devient une décoration.

Le 24 juin, inauguration d'un buste en bronze de Cervantès, dans la grotte du Hamma, en présence du Consul d'Espagne et du Maire de Mustapha, Pradelle.

Le 19 août, meurt, en Normandie, le professeur Masqueray[2].

Le 24 décembre, mort du Géographe Mac-Carthy.

1895

Le 27 mars, la Société des Anciens Élèves du Lycée donne un concert où est offerte une première audition du *Mystère de Solange*, œuvre de deux Algérois, dont Mme Tarquini d'Or est une des interprètes.

Le 21 avril, inauguration, au cimetière de Saint-Eugène, d'un

---

[1] Il est intéressant de constater que dans l'âme de ce premier exhumateur de Timgad, le prestige du passé, si magnifiquement apparu sous le pic, ne fut en rien contraire à une antérieure admiration pour l'orientalisme algérien, alors que, chez son collègue, Louis Bertrand, l'enthousiasme pour l'Antiquité africaine se manifesta presque toujours à l'encontre de ce même orientalisme dont le charme pourtant est indéniable.

A notre humble avis, pour si belles et si évocatrices que soient dans l'or d'une aurore ou d'un coucher de soleil, une perspective de forum, une futaie de pierre dominée d'un arc de triomphe, l'attrait n'est pas moindre, dans le resplendissement de notre ciel, d'une blanche coupole, d'une tour émaillée de mosquée, et — dans la sérénité de nos clairs de lune — d'un doux chant de flûte arabe ; et nous pensons que cet orientalisme dont on ne saurait sérieusement faire abstraction en faveur des ruines, jusqu'à présent, si mal ou point du tout *organisées* par l'industrie en vue de la visite de l'étranger — demeurera longtemps encore, au profit même de la cause de celles-ci, la grande raison du tourisme en ce pays.

[2] Né à Rouen, le 20 mars 1843. (Souvenir rappelé par une plaque de marbre sur la maison où il vint au monde). Une autre plaque rappelle son souvenir à l'Université d'Alger où se trouve également son portrait ainsi que celui des professeurs de Droit, Davin et Charveriat. A mentionner qu'une salle de cours reçut, là, le nom du professeur Emile Larcher.

monument élevé à Durando par souscription. Ce monument, œuvre du professeur Fourquet, comporte un buste érigé sur un socle de marbre blanc où le sculpteur Méri cisela une gerbe de fleurs.

Le docteur Collardot et le professeur Serpaggi font l'éloge du défunt.

Le 22 avril, Hugues Leroux donne, à la Mairie, sous le patronage des Femmes de France, une conférence : *Vers le Cap Nord*.

Le 25 juin, l'ancien professeur d'Alger, Jules Lemaître[1], est élu académicien.

Le 23 juillet, la Médersa s'augmente d'une division supérieure.

Le 1er décembre s'ouvre une souscription scolaire pour l'érection, à Alais, d'un monument au Fabuliste Florian.

1896

Le 12 février, le Colonel, Prince de Polignac, adresse au public un appel pour la constitution d'une nouvelle Société de Géographie dont l'explorateur de Varigny est venu démontrer la nécessité.

Le 20 février, les adhérents à la nouvelle Société se réunissent à la Mairie. Le Colonel de Polignac adresse des remerciements au promoteur de l'œuvre naissante, M. de Varigny[2].

Le 4 avril, arrivée du Ministre de l'Instruction Publique, Combes.

Le 5, ouverture, sur l'esplanade Bab-el-Oued, en présence du Ministre, du XXIIe Concours fédéral de Gymnastique.

Le 6 avril, les sociétés chorales exécutent l'*Hymne Algérien* composé par le professeur Ch. de Galland, sur un thème de Schumann.

Le même jour, le Ministre inaugure, à Birkadem, le monument funéraire de l'Inspecteur Schéer, dont les traits sont reproduits en un médaillon, œuvre de Fourquet.

Le 7, le Ministre visite les Écoles Supérieures[3], la Médersa et la Ligue de l'Enseignement. Le Recteur donne, en son honneur, un déjeuner à l'*Oasis*.

Le 12, après une tournée en Kabylie, le Ministre visite le Lycée de Ben-Aknoun, où le reçoit le Directeur, M. Ch. de Galland. Il se rend ensuite à l'École Normale de Bouzaréah, où lui souhaite la bienvenue, le Directeur Lestienne. Un discours lui est adressé par un élève indigène, ancien convoyeur de l'Expédition de Madagascar. Le Ministre

---

(1) Consacra à Alger, les *Petites Orientales*. Eut comme devancier à l'Institut, M. Caro, professeur au Lycée en 1848. Décoré en janvier 1888.

(2) La Société prit, dans la suite, une grande extension, sous la présidence de M. A. Mesplé, professeur à la Faculté des Lettres.

(3) Il remet la décoration d'officier d'Académie à M. Thomas, étudiant en pharmacie (premier élève algérien palmé).

visite également l'Observatoire, dont les honneurs lui sont faits par le Directeur Trépied.

Le 19 juin, l'explorateur de Béhagle fait, à la Société de Géographie, une conférence sur l'Afrique [1].

Le 15 octobre, inauguration, à Alger, du buste du docteur Maillot, œuvre de Fulconis, en présence du Préfet Granet, du Maire Guillemin. Des discours sont faits par le docteur Trolard et par le Maire [2].

Le 17 octobre, on inaugure aussi, à l'Hôpital Civil, un buste du propagateur de la Quinine, en une salle qui est baptisée de son nom.

1897

Le 19 avril, inauguration du Musée des Antiquités par le Gouverneur Cambon. Des discours sont prononcés par l'Archéologue Cagnat, délégué du Ministre, par le Maire, par le Gouverneur [3].

Le 14 mai, le Ministre envoie, pour les Bibliothèques scolaires, trois cents médailles reçues de Russie, à l'effigie de Nicolas II.

Le 2 décembre, le Gouverneur Lépine visite les Écoles Supérieures et l'Institut Pasteur où il est reçu par le docteur Trolard.

1898

Le 1er janvier, M. Jeanmaire est fait officier de la Légion d'Honneur.

Le 16 juin, réception d'un avis du Ministre relatif à la célébration, dans les Écoles, du Centenaire de Michelet.

Le 1er octobre, ouverture, à Mustapha, d'une deuxième succursale du Lycée.

Le 10 décembre, le Lycée d'Alger célèbre son cinquantenaire par un banquet à Ben-Aknoun. Des discours sont prononcés par M. Canivincq, le professeur de Galland, le député Letellier.

1899

Le 20 janvier, les Anciens Élèves du Lycée s'inscrivent pour la construction du sous-marin *Gustave-Zédé*.

Le 27 mars, s'ouvre, au Palais Consulaire, le XXe Congrès de Géographie dont le président est le Commissaire Général du Congo, de Brazza. La première séance est présidée par le Consul Général d'Italie, M. Revest, délégué de Rome.

---

(1) Il en fit une autre, le lendemain, aux Beaux-Arts.
(2) Bricy, en 1895, avait procédé à une même cérémonie.
(3) Dans le jardin du Musée, M. Jonnart créa le Pavillon des Forêts.

Des communications y sont faites : par M. de Sarrauton, sur l'heure décimale ; par le capitaine Godchot, sur l'ancienne armée d'Afrique ; par M. Brunache (qui fit partie de la mission envoyée à la recherche des survivants de l'expédition Crampell), sur l'esclavage au pays noir.

Le 28, autre séance présidée par le Consul d'Espagne, M. Baldasaño, délégué de Madrid : Communications de M. Brisson sur la naturalisation dans les Colonies ; de M. Couput, Directeur des Bergeries Nationales, sur le mouton algérien et l'olivier ; de M. Rivière, Directeur du Jardin d'Essai, sur le refroidissement nocture. Visite de la ferme *la Bridja*.

Le 29, séance, avec communications de M. Dessoliers sur la fusion des races en Algérie ; de M. Simian, sur l'extension du port. Visite du plan en relief de l'Algérie, de M. Moliner-Violle. Conférence de M. Flamant sur les habitants préhistoriques du Sahara ; de M. Saurel, sur les faïences orientales et sur les jardins musulmans. Communication de M. Mesplé sur la Démographie Algérienne. Conférence de M. de Rovira sur la mission Gentil.

Le 30, séance, avec communications de M. A. Bernard sur les ports francs à créer ; de M. Demontès, sur l'acclimatation des races européennes en Tunisie ; de M. Doutté, sur les ouvrages de MM. A. Bernard, Lacroix et Mouliéras concernant le Maroc ; de M. Flamant, sur le travail du professeur Fischeur : les Chaînes calcaires du littoral algérien. Visite à l'Usine Altairac.

Le 31, discussion du Congrès sur les chemins de fer transsaharien et centre-africain. Visite de la fabrique de tapis de Mme Delfau. Conférence de M. Camille Guy sur les explorations françaises dans la boucle du Niger.

Le 1er avril, conférence de M. A. Bernard sur la question du Transsaharien. Séance de clôture, où le Recteur proclame les récompenses accordées par le Ministre aux Membres du Congrès. M. de Brazza remercie.

Le 26 octobre, M. Mahmoud, arrière-petit fils du dey Mustapha-Pacha, inaugure, à la Médersa, ses cours, en présence de M. Luciani, délégué du Gouverneur, de M. Houdas, Inspecteur Général, et de nombreux professeurs.

1900

Le 5 mars, le Gouverneur de Dar-es-Salam (Zanguebar), Si Sliman ben Nacer, visite la Médersa (place Duquesne), où il assiste à plusieurs conférences d'élèves sur la théologie musulmane.

Le 28 avril, donnant un témoignage de l'intérêt qu'il porte à l'Enseignement primaire, le Gouverneur Laferrière inaugure le nouveau groupe scolaire de la rue Daguerre, au village d'Isly. Un banquet suit, auquel assistent le Gouverneur, le Préfet Lutaud, le Maire Pradelle, le Recteur Jeanmaire, l'Inspecteur d'Académie Szimanski, le Proviseur Canivincq.

Le 16 octobre, cérémonie d'ouverture de l'École de Commerce[1].

Le 15 décembre, Pierre Foncin, dans le *Bulletin* de l'Alliance Française, dont il est le président, publie une notice sur le roman : *le Touareg*, d'Albert Fermé, où il déclare que s'il est dangereux de donner une instruction supérieure à un barbare, il est salutaire de répandre dans la masse indigène d'une colonie, une instruction primaire et professionnelle.

Le 24, congé pour ce jour est donné à l'Enseignement par le nouveau Gouverneur, M. Jonnart.

Le 31, le Gouverneur et Mme Jonnart reçoivent, au Palais d'Hiver, 300 enfants des Écoles d'Alger et de Mustapha à qui sont offerts des friandises et une représentation de *Guignol*. La remarquable fanfare indigène des Agrib (Haut-Sebaou) égaie de son harmonie cette fête à laquelle ont été aussi conviés les Pupilles de la Société de Tir.

En reconnaissance des gâteries dont ils ont été l'objet, les garçons et fillettes offrent à Mme Jonnart une superbe corbeille de fleurs. Le Recteur assiste à cette réception enfantine.

Cette année, M. Ch. de Galland, Directeur du Lycée de Ben-Aknoun, reçoit la Légion d'Honneur.

Le grand prix d'éducation et d'enseignement est décerné, par le Jury de l'Exposition Universelle, à l'Administration Académique d'Alger. Les Écoles reçoivent cinq médailles d'or, treize de bronze et treize mentions honorables.

1901

Le 7 février, les Élèves des Écoles Communales de la ville reçoivent, de France, une lettre de remerciements de M. Jonnart, pour l'envoi qu'ils viennent de faire, d'une couronne mortuaire destinée à la tombe de sa jeune nièce, récemment décédée.

---

[1] Anciens Cours Commerciaux. Devenue École Supérieure du Commerce. Installée aujourd'hui rampe Chassériau.
Alger posséda, en outre, des Écoles : de Sourds-Muets, de Dactylographie, de Sténographie, d'Espéranto, d'Arts et Métiers à Dellys, d'Arts industriels, d'Arts indigènes (broderie, tapis, céramique, bois sculptés), de Teinturerie à Mustapha, d'Agriculture à Maison-Carrée, d'Apprentissage horticole (pour indigènes), d'Enseignement ménager agricole (pour jeunes filles) au Jardin d'Essai, de Préapprentissage, de Gymnastique (sociétés diverses), de Préparation militaire, de Tir, d'Escrime, de Chorégraphie, de Rééducation des Mutilés, etc.

Le 1er décembre, obsèques du professeur Belkassem ben Sédira[1]. Un piquet de zouaves rend les honneurs. Dans le cortège, figure, en robe, une délégation de la Cour d'Appel qu'escorte un peloton de chasseurs d'Afrique. Le Recteur, les professeurs de l'Enseignement supérieur et secondaire, les instituteurs assistent à la cérémonie. M. Basset, Directeur de l'École des Lettres, prononce l'éloge funèbre.

Le 24, un jour de congé est donné à l'Enseignement en l'honneur de l'arrivée de M. Revoil.

---

(1) Professeur d'arabe aux Écoles Supérieures et à l'École Normale, officier de la Légion d'Honneur, assesseur à la Cour d'Appel. Auteur de grammaires arabe et berbère très appréciées, et de plusieurs traductions.

Combien longue serait la liste des œuvres de l'Enseignement d'Alger ! Citons dans le nombre : *Les Contes Berbères*, de Basset ; *Essai de Littérature des Berbères et Culte des Grottes au Maroc*, de Basset fils ; la traduction du roman philosophique d'*Ibn Thofaïl*, de Léon Gautier ; les études sur les arts en Algérie, *Les Arabes en Berbérie*, de Marçais ; *Le Corpus des Inscriptions musulmanes*, par MM. de la Blanchère et Marçais ; *Les Études sur le poète Saâdi*, de Masset ; *L'Histoire Musulmane*, de Fagnan ; *L'Afrique Romaine*, du Recteur Boissière ; *Souvenirs et Visions d'Afrique* et *Dictionnaire Français-Touareg*, de Masqueray ; Les Travaux d'Égyptologie, de Lefébure ; *Essai d'Histoire de la Maurétanie Césarienne*, de Cat ; *L'Afrique Chrétienne*, de Monceaux ; Les ouvrages sur les antiquités et l'*Histoire de l'Afrique du Nord*, de Gsell ; *L'Algérie*, de Maurice Wahl ; Les études sur Berthezène et Bugeaud, de Demontès ; *La Conquête du Sahara*, d'Émile Gautier ; les études diverses d'Edmond Doutté, d'Yver — de Martino sur Stendhal, Fromentin, Jules Lemaître ; l'œuvre de Carcopino sur Virgile ; *Le Livre des Ventes de Moucatt de Malik ben Anas*, *Le Livre des Testaments*, de Cahih d'El-Bakari, *Le Livre des Ventes de Moucatta*, de Peltier ; *La Législation Algérienne*, de Larcher ; *Le Droit Musulman*, de Morand ; Les Travaux sur la Géologie, de Fischeur ; *La Flore africaine*, de Trabut ; *Les Études sur la Géologie et la Géographie des Hauts-Plateaux de l'Oranie et du Sahara, sur les pierres écrites*, de Flamand.

Les descriptions de Ch. Desprez, de Charles de Galland ; Les ouvrages de Louis Bertrand ; *Les Dieux de la Fontaine*, de Stoupan.

Bien courte énumération de souvenirs où des meilleurs font défaut !

A rappeler aussi les œuvres de nos Bibliothécaires : les études historiques de Berbrugger ; géographiques, de Mac-Carthy : scientifiques, de Maupas ; d'Histoire algérienne, de Esquer ; entomologiques, de Cornetz (voir novembre 1873), de Paoli (voir avril 1887), de Lourbel ; *La Femme devant la Science contemporaine* ; *Le Matriarcat*, etc. (édit. Alcan) ; de Vieulle : *Chroniques (Dépêche Algérienne)*.

Pour l'Enseignement Primaire — d'une tâche plus modeste — toutefois des plus pénibles, l'énumération serait à faire de maintes œuvres. Signalons celle de MM. Bernard, Directeur de l'École Normale, et Veller, par qui fut composée, pour les jeunes Musulmans, un livre de Lecture où ceux-ci retrouvèrent leur vie indigène. (MM. Scheer, Inspecteur, et Mailhes avaient antérieurement dédié aux écoliers arabes un intéressant livret leur facilitant l'élocution française).

A signaler de même, l'œuvre plus récente de MM. Gestac, Inspecteur, et Chauvet qui eurent aussi l'heureuse pensée d'offrir aux petits Européens d'ici, des sujets de lecture (avec illustrations d'Herzig), se rapportant tous à la *vie algérienne*.

A mentionner encore les livrets pour l'étude de l'Arabe, de M. Falah.

Et, en plus du rappel fait plus haut, des publications de MM. Lourbel et Vieulle (de la Bibliothèque Pédagogique), un souvenir est à donner aux fantaisies spirituelles consacrées à l'Odéon, de M. Henri Sans.

1902

Le 1er janvier, à l'occasion du Nouvel An, le Gouverneur et Mme Revoil envoient aux enfants des écoles 3,600 sacs de bonbons.

Le 10 février, les Professeurs et les fonctionnaires du Lycée offrent, dans la salle des Fêtes de cet Établissement, un banquet d'adieu à M. Canivincq, nommé à Bordeaaux.

Par une délicate allusion aux amitiés fidèles, la table du festin est décorée de lianes de lierre, piquées de fleurs de géranium. Des palmes, des plantes diverses, des écussons, des drapeaux complètent l'ornement de la salle. Des discours sont prononcés par MM. Maigrot, de Galland, professeurs ; Rostaing, préfet ; Letellier, Président des Anciens Élèves, auxquels répond M. Canivincq.

Le 26, célébration, dans l'Enseignement, du centenaire de Victor Hugo, par des conférences, des chants, des déclamations.

Le 24 juin, le Gouverneur général, accompagné du capitaine Jouinot-Gambetta, visite le Lycée où le reçoivent MM. Didier, proviseur, Lamounette, Inspecteur d'Académie, et tous les professeurs. Dans la grande cour où sont réunis les Lycéens, l'élève Aymard, des *Mathématiques spéciales*, salue le Gouverneur, l'assurant des sentiments patriotiques et républicains de tous ses condisciples. M. Revoil le remercie et félicite affectueusement la jeunesse assemblée, de son attachement aux nobles traditions qui garantissent l'avenir du pays.

Le 26 juin, le Gouverneur et Mme Revoil, accompagnés du préfet Rostaing et du capitaine Codet, se rendent à la Ligue de l'Enseignement. Le président du Conseil d'administration, Serpaggi, salue leur arrivée. Une fillette, Mlle Vico, offre, au nom de ses compagnes, à Mme Revoil, une gerbe de roses. Mme Revoil remet à la Directrice, Mme Sans, un écrin contenant un nécessaire en or, destiné à être donné, comme prix de couture, en souvenir de la visite du Gouverneur.

Une visite est faite de l'Établissement et d'une exposition de travaux à l'aiguille exécutés par les élèves. Le Gouverneur félicite les jeunes filles, leur Directrice et le Conseil d'administration.

Le 1er octobre, ouverture de l'École Primaire Supérieure de Filles à Boufarik.

1903

Le 8 mars, la reine de Portugal, Amélie, visite la Bibliothèque, l'Ouvroir de Mme Ben Aben et l'École de Tapis de Mme Delfau.

Le même jour, ont lieu les obsèques du professeur Cat, de l'École des Lettres, au milieu d'une affluence considérable. De nombreux discours sont prononcés, parmi lesquels ceux de MM. Basset, Directeur de l'École des Lettres; Altairac, Maire; Guillemin et Serpaggi, professeurs. Plusieurs délégués de la classe ouvrière font l'éloge du défunt qui fut un défenseur du Prolétariat.

Le 15 avril, tous les élèves de l'Enseignement d'Alger viennent, à son arrivée, saluer le Président Loubet.

Au Palais d'Hiver, le Président remet la croix d'officier de la Légion d'Honneur au docteur Bruch, Directeur de l'École de Médecine, et celle de chevalier, à MM. Basset, Directeur de l'École des Lettres, et Gsell, professeur.

A la Ligue de l'Enseignement, qu'il inaugure, il décore M. Serpaggi (du Lycée), président du Conseil d'administration.

Le 16, le Président assiste, au Lycée, à un banquet où sont réunis quatre cent soixante-dix-sept invités. La grande cour est tendue d'un immense vélum blanc. Les fleurs, la verdure, les oriflammes, les faisceaux de lumière constituent, dans la salle improvisée, une parure des plus attrayantes. Des musiques jouent. Le Président a, à sa droite, le Maire Altairac ; à sa gauche, le Président des Délégations Financières, Bertrand. Le Maire prononce un discours.

Le 3 juillet, arrivée, au Lycée, des cinq fils de Fama Mademba, souverains des États de Sansanding (Soudan)[1].

Le 1er octobre, ouverture de l'École Primaire Supérieure de Filles à Blidah.

1904

Le 12 janvier, le colonel prince de Polignac, premier président de la Société de Géographie d'Alger, meurt à l'Hôpital du Dey, à l'âge de 79 ans.

Le 1er juin, pour la première fois, la fête de l'Enseignement Laïque est célébrée au Jardin d'Essai, où sont offertes aux enfants de nombreuses distractions[2].

A cette occasion, M. Bernard, Directeur de l'École Normale, reçoit la croix de chevalier.

Le 12 octobre, M. Chaumié, Ministre de l'Instruction Publique, arrive de Constantine, accompagné de MM. Jonnart et Rostaing.

Le 14, le Ministre visite le Lycée, le groupe scolaire du boulevard Gambetta, la Ligue de l'Enseignement et les Écoles Supérieures.

Le 16, M. Chaumié inaugure la nouvelle Médersa[3] où il décore M. Delphin, Directeur[4].

(1) Le Lycée reçut, dans la suite, d'autres Indigènes des Colonies.
(2) Un thème fut, chaque fois, développé à cette fête ; en 1908, Hippolyte Carnot en fut le sujet. Jean Macé et Jules Ferry le furent en 1912.
(3) Jolie construction de style oriental, parée intérieurement de délicates broderies de stuc.
(4) Dans la suite, les Directeurs furent : MM. Marçais, Destaing, Saint-Calbre.

Le 10 novembre, ouverture d'une souscription scolaire en faveur des éprouvés des inondations de l'Aïn-Sefra[1].

Cette année est créée, sur l'initiative de Mme Juillet Saint-Lager, l'œuvre dite « des Enfants à la Montagne ».

En 1904, encore, part pour le Maroc, la mission scientifique, Segonzac[2].

1905

Le 26 janvier, a lieu la séance inaugurale du Comité du Vieil Alger, qui se propose de défendre le pittoresque de la ville arabe, d'en étudier, d'en rappeler l'Histoire et de vulgariser les anciens souvenirs par des plaques commémoratives[3].

Le 11 mars, inauguration, au cimetière de Saint-Eugène, du buste en bronze d'Edouard Cat, œuvre de Gaudissart.

Le 14 avril, une Exposition rétrospective d'Art Musulman, organisée par le Gouvernement général, s'ouvre à la Médersa[4].

Le 15, inauguration, à l'hôtel mauresque de la *Dépêche Algérienne*, d'une Exposition de Photographie et de Peinture documentaires sur l'Afrique du Nord, organisée sous les auspices de la Société de Géographie.

Deux mille documents d'un grand intérêt, relatifs aux êtres et aux choses, s'y trouvent réunis.

Le même jour, ouverture, au Musée des Antiquités, d'une Exposition d'Objets des âges préhistoriques, organisée par le professeur Flamand et le colonel Laquière.

Le 16, le roi d'Angleterre, Edouard VII, et la reine Alexandra visitent l'exposition de la Médersa dont le Directeur Marçais et le professeur Gsell leur font les honneurs. La reine se fait renseigner par Mme Ben Aben sur la broderie arabe dont elle admire les merveilles. Un orchestre indigène fait entendre des mélodies orientales.

Le 18, ouverture du XIVe Congrès des Orientalistes auquel

---

(1) Où périt l'écrivain : Isabelle Eberhardt.

(2) M. Boulifa, professeur à l'École Normale d'Alger, et chargé de cours à l'Université, fit partie de cette mission d'où il rapporta des manuscrits berbères, publiés dans le *Journal Asiatique* (1906). Chargé d'une mission en Kabylie, il y releva des inscriptions libyques (voir *Revue Africaine*, 1909-10-12).

Publia en outre : 1° Divisé en deux années, un ouvrage pour l'étude du Berbère, dont la seconde se rapporte à la société Kabyle ;

2° *Textes de l'Atlas du Maroc* (Société Chleuh') ;

3° *Recueil de Poésies Kabyles*.

(3) Cette société procure en outre à ses membres, des Promenades-Conférences.

(4) Cette Exposition, à laquelle participèrent les grandes familles indigènes, les plus riches salons algériens, présenta des merveilleux échantillons de joaillerie, orfèvrerie, de broderie anciennes dont le souvenir, depuis longtemps, s'était perdu e public.

prennent part : MM. de Goeje, arabisant des Pays-Bas ; Strebulayef, arabisant de Russie ; le professeur Landauer, de Strasbourg, hébraïsant ; le professeur Euting, de Strasbourg, auteur de travaux sur l'épigraphie phénicienne et arménienne ; Francisco Codera, arabisant d'Espagne ; Michel Asin y Palacios, professeur d'arabe à Madrid ; Prym, de Bonn, propagateur de l'étude du Syriaque ; Wirth, indianiste, d'Allemagne ; Wirth, docent à Munich ; Seybald, de Wurtemberg, auteur d'études sur les Arabes d'Espagne ; Kampmayer, docent d'Erlangen ; l'abbé Nau, syriaciste de l'Institut Catholique de Paris ; Barbier du Meynard, de l'Institut, professeur de Turc et d'Arabe au Collège de France ; Houdas, Inspecteur général des Médersas d'Algérie, professeur à l'École des Langues Orientales ; Cordier, sinologue de l'École des Langues Orientales ; Clément Huart, professeur de Persan à la même École ; les professeurs Cagnat, des Inscriptions et Belles-Lettres, Gsell, de l'École des Lettres d'Alger, et nombre de délégués de Saxe, de Belgique, de Chine, de Danemark, d'Égypte, de l'Inde anglaise, d'Italie, d'Indo-Chine, de Perse, de Russie, de Suède, de Tunis, de Bavière, des États-Unis, de Suisse.

La séance d'ouverture a lieu au Palais Consulaire, sous la présidence du Gouverneur. Des discours son prononcés par MM. Jonnart, le professeur Basset, David-Henri Muller, conseiller aulique, délégué d'Autriche ; le professeur marquis Giacomo de Grégori et le professeur Pulle, délégués d'Italie.

Les sections se constituent à l'École des Lettres, sous la présidence de M. Héron de Villefosse, membre de l'Institut, Conservateur du Musée du Louvre.

Ces sections formant les catégories d'Histoire et de Philologie, de Géographie, d'Archéologie, sont les suivantes :

Section de l'Inde. Langues sémitiques.
— d'Égypte. Langues africaines. Madagascar.
— d'Extrême-Orient.
— de Grèce et d'Orient.
— d'Archéologie africaine et d'Art Musulman.

En outre, section des Sciences Médicales et d'Hygiène.
— de Botanique.

Ces sections vont tenir leurs séances jusqu'au 26 avril.

Le 25, arrivée du Ministre de l'Instruction Publique, Bienvenu-Martin.

Le 26, séance de clôture du Congrès, au Palais Consulaire, sous la présidence du Ministre.

Le 27, déjeuner au Palais d'Été en l'honneur du Ministre et des Délégués Étrangers. Dans son discours, M. Bienvenu-Martin se félicite de sa venue à Alger où il découvrit, dit-il, « une Athènes Africaine ».

Le même jour, le Ministre se rend à la Ligue et aux Écoles Supérieures, où il est reçu par le Recteur Jeanmaire, les Directeurs et Professeurs et par une délégation des Étudiants. Il décore des palmes académiques, leur Président : M. Néron.

Le 29, le Ministre, accompagné du Gouverneur, du député Colin, du Préfet, du Recteur, de l'Inspecteur d'Académie et des Inspecteurs Primaires, inaugure l'École Publique de la rue Dupuch. Les élèves portant des drapeaux tricolores, forment la haie. L'Orchestre Municipal se fait entendre. Un discours est prononcé par M. Rouyer, du Lycée, auquel répond M. Bienvenu-Martin.

Le 7 mai, en l'honneur du troisième centenaire de Cervantès[1], une manifestation a lieu à la grotte du Hamma. Le Consul d'Espagne, Louis Marinas, célèbre le grand écrivain. Une couronne aux couleurs d'Espagne est déposée au pied du monument. Des musiques jouent les hymnes français et espagnol. Les dames reçoivent, en souvenir, des éventails avec cette inscription : *Gloria à l'immortal Cervantes. 7, Mayo 1905*.

Le 20 mai, le Gouverneur offre aux enfants des Écoles et à leurs parents une première matinée dans les jardins du Palais d'Été. 1,500 élèves (filles et garçons) y prennent part.

M. Jonnart reçoit lui-même l'heureuse jeunesse. Mme Aymard, femme du chef de Cabinet, et Mlle Jonnart, nièce du Gouverneur, font, avec lui, les honneurs de la fête. Les membres du Cabinet civil et militaire se multiplient en la circonstance.

Les attractions comportent : tir à la carabine, loteries, phonographe, guignol, représentation de la troupe du Cirque d'Alger, cinématographe, pêche aux jouets autour du grand bassin, carrousel de chevaux de bois, danses nègres, concert de la musique des zouaves, buffet. Ces réjouissances laissent dans l'esprit des enfants un inoubliable souvenir[2].

Le 15 juillet, pour la première fois, une jeune fille d'Alger, Mlle Berchèr, passe les examens de la Licence ès-Lettres.

Le 13 octobre, le Ministre de l'Intérieur, Étienne, et le Ministre des Travaux Publics, Gauthier, visitent la Médersa.

Le 14 décembre, remise est faite, par les Instituteurs et les Institutrices, à l'Inspecteur Primaire Serre, de son buste en bronze exécuté sur un moulage de Fourquet.

---

(1) En plus de Cervantès et de Regnard, Alger eut comme captifs : l'Académicien Jean Foy-Vaillant (1674) ; le peintre des Madones : Filippo Lippi (1435). Alger reçut, d'autre part — envoyés en mission — le géographe d'Amfreville (sous Henri II) ; le consul Shaw, professeur à l'Université d'Oxford ; le naturaliste Peyssonnel (1725); Desfontaines, de l'Académie des Sciences ; le naturaliste Poiret et aussi Arago (1808), pris en mer, puis relâché.

(2) Le lendemain, la fête se renouvela pour 1,500 autres enfants.

1906

Le 20 février, M. Fallière accorde un jour de congé à l'Enseignement à l'occasion de son installation à la Présidence.

Le 12 mars, ouverture d'une souscription dans les Écoles, en faveur des malheureux de Courrière.

Le 18 avril, arrivée, avec son fils Ouanilo, de l'ex-roi Behanzin à qui est assignée, pour séjour, la ville de Blida dont le Collège recevra le jeune prince[1].

Le 26 mai, inauguration, par M. Jonnart, du buste du commandant Lamy au boulevard Laferrière. Sont présents à la cérémonie : le Secrétaire général Varnier, le Préfet Rostaing, le Recteur Jeanmaire, l'Amiral, les généraux, des officiers de toutes armes, les autorités civiles, un groupe de sous-officiers ayant fait partie de la Mission. Les troupes forment le carré : les Zouaves et les Tirailleurs avec musique et drapeaux, les Chasseurs d'Afrique avec fanfare et étendard. Des discours sont prononcés par MM. Mesplé, président du Comité Lamy ; Jouves, adjoint au Maire ; le Général Ménestrel et M. Jonnart[2].

Le 31, la Société Historique, présidée par M. Paysant, célèbre son cinquantenaire à la Salle Barthe.

Le 7 juin, en présence du Gouverneur, célébration, au Jardin d'Essai, de la fête de l'Arbre à laquelle est associé l'Enseignement[3].

Le 20 octobre, les élèves et les amis du peintre Rochegrosse[4], donnent, en l'honneur du Maître, un banquet à l'Académie Drouet, magnifiquement parée en la circonstance.

Le 15 décembre, ouverture à la Médersa d'une première exposition des ouvroirs indigènes[5].

(1) Le jeune homme, plus tard, étudia quelque temps, à l'École d'Agriculture de Montpellier, puis demanda à suivre les cours de Droit à Paris.

(2) Sur le cippe du monument, œuvre de Gaudissart, est figurée la mission en marche, idée heureuse qui permit, avec la représentation des héros de la Science, celle du modeste et précieux auxiliaire de nos conquêtes sahariennes : le chameau, oublié jusqu'alors par les sculpteurs de l'Histoire.

Rome avait fait figurer le cheval numide sur la colonne Trajane ; la France, sur maints monuments et sur maintes toiles classiques, avait rappelé le cheval arabe, ce grand collaborateur de l'Armée d'Afrique. Gaudissart évoqua ici, le souvenir de notre humble ruminant. Qu'il nous permette de l'en féliciter.

(3) M. Ch. de Galland, en une magnifique envolée, y exalta les quatre arbres sacrés du pays : le cyprès, l'olivier, le figuier, le cèdre dont il redit la gloire antique.

(4) Produisit à Alger, entre autres œuvres, *la Joie Rouge*, *la Mort de Messaline*.

(5) Cette exposition, renouvelée plusieurs années de suite, sous les auspices du Gouverneur général, présenta d'intéressants échantillons de broderies de bois sculptés, de cuivres ciselés, des tapis, auxquels s'ajoutèrent, dans la suite, des pièces de bijouterie, d'armurerie, de céramique, etc.

Elles eurent pour résultat de stimuler l'émulation des écoles et des ouvroirs créés en Algérie par M. Jonnart, en vue d'une rénovation des Arts Musulmans en ce pays.

1907

Le 16 janvier, affirmant l'intérêt qu'il porte à l'œuvre de rénovation des industries artistiques algériennes, le Gouverneur, accompagné de M. Aynard, directeur du Cabinet, visite les ateliers de céramique du chimiste Langlois, où s'exercent de jeunes Indigènes à l'art de la décoration.

Le 1er mars, création de l'École d'Agriculture de Maison-Carrée qui succède à celle de Rouïba.

Le 31, ouverture, à la Salle Barthe, du V° Congrès de Gynécologie, d'Obstétrique et de Pædiatrie. Des discours sont prononcés par MM. Altairac, Maire ; le docteur Curtillet ; le docteur Queirel, président du Congrès ; le docteur Caldérini, d'Italie ; le docteur Treub, des Pays-Bas ; le docteur Pichevin, de Paris ; le docteur Rouvier, secrétaire général du Congrès.

Les séances vont se poursuivre jusqu'au 6 avril.

Le 8 mai, la Comédie Française, avec M. et Mme Silvain, inaugurent, sous les remparts d'Isly, les représentations du Théâtre du Soleil où se jouent *Electre* (adaptation de Alfred Poizat), l'*Iphigénie*, de Jean de Moréas [1].

Le 1er juin, le Gouverneur renouvelle son geste aimable de 1905 à l'égard des enfants des Écoles, et offre au Palais d'Été une matinée à laquelle sont conviés, avec leurs parents, 1,500 enfants (filles et garçons) [2].

Le 26 octobre, un banquet est donné par les professeurs d'Alger en l'honneur du docteur Colin, professeur d'Arabe et capitaine de la territoriale, nouvellement promu chevalier de la Légion d'Honneur. Des discours sont prononcés par MM. Fournier, proviseur ; Lamounette, Inspecteur d'Académie ; Tailliart, président de l'Amicale des Professeurs ; Béraud, du Lycée d'Alger, et de Galland, proviseur honoraire.

1908

Le 12 avril, la Société la *Normadie* reçoit, dans les salons de la Brasserie de *l'Etoile*, M. Liard, Vice-Recteur de Paris, venu à Alger pour déterminer les possibilités de la création d'une Université.

Le 29, inauguration du Musée Municipal, sous la présidence de M. Léonce Bénédite, Conservateur du Musée du Luxembourg. MM. Altairac et Bénédite prennent la parole.

---

(1) En 1911, la troupe Silvain joua, sur l'esplanade Bab-el-Oued, *les Erinnyes* et *Hécube*.

(2) Une semblable fête eut lieu, le lendemain, pour un même nombre d'écoliers et écolières.

Le 26 mai, le chansonnier Xavier Privas et Mme Francine Lorée, offrent, au Casino, à 300 écoliers et écolières, une matinée, que préside M. Lamounette, Inspecteur d'Académie[1].

Le 10 juillet, une classe-atelier d'ouvriers bouchonniers est annexée à l'École d'Azazga (Haut-Sebaou).

Le 21 novembre, M. Jeanmaire, Recteur, nommé à Toulouse, quitte l'Algérie après y avoir exercé son ministère pendant 23 ans[2].

1909

Le 2 janvier, une souscription est ouverte dans l'Enseignement en faveur des survivants de Messine.

Le 22 février, l'Association des Anciens Élèves du Lycée, présidée par M. Ch. de Galland, inaugure sa salle des Fêtes au Lycée. La salle comporte une scène reproduisant un intérieur pompéien : atrium avec impluvium, galerie, colonnes, autel des dieux lares. Au fronton, cette inscription : *Vel taceas, vel meliora dic silentio.*

Le 7 avril, tenue, à Alger, du VIIIe Congrès International d'Hydrologie et de Climatologie dont le programme comporte une visite à Hammam-R'hira.

Le 30 décembre, l'Enseignement franchit une étape nouvelle. L'Université Algérienne est créée. Les Écoles Supérieures sont transformées en Faculté[3].

1910

Cette année, une plaque commémorative est apposée aux Facultés en reconnaissance de la donation Joseph Azoubib[4].

Le 21 mars, avis est donné de l'ouverture d'une souscription parmi le personnel et les élèves de l'Enseignement Public, à l'effet d'offrir, pour son jubilé, une plaquette à l'entomologiste, H. Fabre, ancien instituteur.

Le 3 décembre, la croix est décernée à M. Dordor, Directeur de l'École de la rue Dupuch.

Le 31, la Ligue de l'Enseignement, est transformée en Lycée.

---

(1) Nombreuses furent les matinées théâtrales offertes aux Écoles. Citons les représentations d'*Aïda* (1887), des *Pirates de la Savane* (mars 1906). Des matinées enfantines furent aussi données au Square et en d'autres jardins.

(2) Fut l'organisateur de l'Enseignement Indigène, particulièrement en Kabylie. Eut comme successeur M. Ardaillon, ancien membre de l'École d'Athènes et auteur de *Les Mines du Laurion dans l'Antiquité*.

(3) Alger a donc mis les trois quarts d'un siècle (de la création de la petite école primaire de 1832 à l'institution de ses quatre Facultés) pour accomplir ce que l'on pourrait appeler : son Stade Universitaire.

(4) Une rente annuelle de 3,000 francs fut établie au profit de la Faculté des Sciences pour ses recherches de laboratoire.

1911

Le 15 janvier, M. Ardaillon, Recteur de l'Université d'Alger, remet solennellement la croix de chevalier à M. Dordor, doyen du Corps Enseignant d'Algérie. La cérémonie a lieu dans la salle des Anciens Élèves du Lycée.

Le 1er juin, un prix de 500 francs est décerné par l'Académie à l'Instituteur Peytral pour sa monographie d'Oued-el-Alleug.

Le 23 juillet, pour la première fois, une jeune fille algéroise, Mlle Jeanne Desrayaux, est reçue à l'agrégation de la langue arabe.

Cette année, sont créées, à Alger, deux Écoles Primaires Supérieures (Filles et Garçons)[1].

1912

Le 4 février, l'Académicien, Brieux, donne, au Théâtre municipal, une conférence où il traite du problème social qui lui inspira la mise à la scène de *Blanchette*.

Le 25 février, les Amis du Vieil-Alger font apposer, sur la façade du Théâtre, une plaque rappelant la captivité de Regnard (1678-1681), dont la Comédie Française a, l'année précédente, joué à Alger les *Folies Amoureuses*[2].

Le 30 mars, arrivent, pour la tenue de leur Xe Congrès, les Membres de l'Association des Anciens Élèves des Collèges et Lycées de France, que présente leur président, M. Leprince-Ringuet, à M. de Galland, président de l'Association d'Alger.

Les 1er et 2 avril, le Congrès tient ses séances dans la salle des Anciens Élèves. En son honneur, un banquet est donné à l'*Excelsior*, auquel assistent le Gouverneur et Mme Lutaud.

Le 6, le Comité du Vieil-Alger appose une plaque commémorative, rue de la Charte, où habita le docteur de l'Islam, Sidi Abd-er-Rahman, mort à Alger en 1471[3].

Le 15 mai, la Comédie Française réapparaît à Alger avec Mme Réjane, qui inaugure une série de représentations.

Le 26 juillet, le Corps Enseignant reçoit une caravane d'une centaine d'Institutrices Canadiennes, venues visiter Alger. Une récep-

---

[1] Une autre École Primaire Supérieure existe à Maison-Carrée.

[2] Nous avons demandé, dans *la Dépêche Algérienne* (21 mars 1914), qu'un buste de Regnard, réplique de celui de la Comédie Française, fût érigé au foyer du Théâtre d'Alger. Le Maire, Ch. de Galland, se montra favorable à ce vœu. Malheureusement la Guerre en empêcha la réalisation.

[3] Cet Algérien, qui étudia à l'Université de Damas, ouvrit, à vrai dire, en son lointain passé, la série des savants de notre Capitale africaine.

tion lui est offerte par la Municipalité, au Théâtre, à laquelle assiste le Vice-Consul d'Angleterre représentant le Consul Général absent.

En cette année, est nommé, au Collège de France, le professeur Gsell[1].

1913

Cette année, le Lycée reçoit la visite d'un ancien élève, M. Viviani, Ministre de l'Instruction Publique[2].

Le 25 janvier, les Amis du Vieil-Alger demandent que le canon historique, *la Consulaire*, qu'il est question de rétrocéder à la Ville, soit érigé à l'Amirauté[3].

Les 15 et 17 avril, l'Académicien Jean Richepin (de Médéah), donne, au Théâtre, deux conférences : l'une sur *la Mer*, suivie d'une représentation du *Flibustier;* l'autre, sur *Napoléon*.

Le 22 mai, Georges d'Esparbès donne, à son tour, une conférence sur l'*Impératrice Joséphine*.

Le 31 décembre, le Lycée compte 1,570 élèves. Les Écoles d'Alger, 17,000. Celles du Département : 70,000.

1914

Le 9 mars, le Ministre plénipotentiaire, Patenotre, ancien professeur au Lycée, venu en cette ville après un voyage dans la Colonie, s'embarque pour l'Italie.

Le même jour, arrive M. Chassagny, Inspecteur Général de l'Instruction Publique et ancien élève du Lycée.

---

(1) Sont aussi allés au Collège de France MM. Morel-Fatio et Demontès. M. Carcopino, à la Sorbonne.

(2) Ont aussi fait leurs classes au Lycée, les parlementaires : Etienne, Thomson (devenus Ministres), Letellier, Saint-Germain, Houbé.

(3) Depuis, la guerre est survenue, qui empêcha la réalisation de tant de choses. Il est certain que si cette pièce devait, un jour, revenir à Alger, ce ne serait qu'à l'Amirauté que pourrait avoir lieu sa réinstallation.
Nous avons, en septembre 1913, présenté personnellement de la chose, la preuve au Cabinet du Ministre : une lettre reproduite, de l'Amiral Duperré, que nous avions, l'année précédente, trouvée aux Archives du Ministère. (Voir *Feuillets d'El-Djezaïr*, V, p. 103).
A la suite, en effet, du partage des armes de luxe du Dey, fait par le Maréchal de Bourmont entre les officiers généraux et supérieurs du Corps Expéditionnaire, à l'exclusion de ceux de la flotte, l'Amiral Duperré demanda au Ministre de Charles X, le Baron d'Haussez, qu'à titre de souvenir de sa coopération à la conquête d'Alger, la Marine reçût *la Consulaire*, ce qu'accorda le Ministre suivant avec l'approbation du roi Louis-Philippe. Cette relique, devenue une récompense nationale, représente donc un bien inaliénable. Légalement et *historiquement* aussi, ce ne pourrait être — à Alger — que sur le sol de la Marine, et dans le cadre même où elle donna la mort à des Consuls français, que pourrait figurer cette pièce de bronze.

Le 4 avril, retour à Alger de Louis Bertrand, ancien professeur de Rhétorique au Lycée[1].

Mais, arrive la Grande Guerre ! A ce moment solennel, un Algérien, Viviani, est à la tête du Gouvernement.

Le 2 août, à la Mobilisation Générale, les principales Écoles, le Lycée et la Ligue sont occupés par les troupes.

Le 15, à la suite du départ des pères de famille, les classes primaires sont réouvertes — par anticipation — dans les écoles demeurées libres.

Le 1er octobre, la rentrée est retardée pour le Lycée, devenu caserne, et pour la Ligue transformée en hôpital temporaire, ainsi que le Petit-Lycée de Ben-Aknoun et l'ancien Pensionnat des Sœurs de la rue Roland-de Bussy où flotte le pavillon de la Croix-Rouge.

1915

Au cours de la tourmente, le 10 mars, disparaît la vénérée directrice de l'Ouvroir musulman, Mme Ben Aben[2].

Le 24 mai, avec une joie immense, Alger apprend l'entrée en lice de l'Italie. Le Ministre, à cette occasion, donne un jour de congé aux trois ordres de l'Enseignement.

Le 27 septembre, le Petit-Lycée de Mustapha perd son Surveillant Général, M. de Saint-Martin, décédé à Moudros (presqu'île de Gallipoli)[3].

---

(1) On connaît ses œuvres sur l'Algérie : *la Cina, le Sang des Races, Pépète le Bien Aimé*, etc.

(2) L'admirable collection de broderies anciennes qu'elle possédait, avait quelques années auparavant, été acquise par le Gouvernement Général et déposée au Musée de Mustapha-Supérieur. Un élégant tombeau *arabe* fut érigé à la défunte, tout de marbre blanc, ciselé d'épigraphie et de fleurs d'Islam (qu'elle reproduisit si souvent !) creusé pieusement — selon la coutume orientale — de coupes destinées à désaltérer de l'eau du ciel, l'oiseau « dont le chant est une prière » et hérissé de stèles auxquelles, fréquemment, la main d'une brodeuse reconnaissante vient accrocher un chapelet de jasmin et de fleurs d'oranger...

(3) M. Saint-Martin était décoré de la Croix de Guerre.
Le Corps Enseignant perdit au feu nombre de ses membres : le 26 septembre 1916, M. de Pachetère, agrégé d'Histoire, ancien élève de l'École de Rome, et lieutenant à l'Armée d'Orient. M. Hippolyte Pissard, de la Faculté de Droit, officier mitrailleur, tombé à Verdun. L'Enseignement d'Alger perdit encore le lieutenant Escapalos (frère de Mme Ardaillon), préparateur à l'Institut Pasteur, qui tomba en Serbie (décembre 1916), titulaire de la Croix de Guerre.
A signaler, d'autre part : MM. Lespès, capitaine, professeur au Lycée; Rolland, lieutenant; Ginestet, capitaine; Grénaud, sous-lieutenant (instituteurs); Rudondy, capitaine, professeur d'École Primaire Supérieure; Garoby, sous-lieutenant, professeur à la Médersa; Portalier, lieutenant, ancien élève et professeur du Lycée d'Alger; Carcopino, capitaine d'État-Major, professeur d'Histoire à l'Université et Directeur du Musée des Antiquités, qui furent faits chevaliers de la Légion d'Honneur.
Pour autres renseignements, consulter les listes universitaires et les derniers palmarès du Lycée.

1916

Le 13 février, huit cents Serbes débarquent au Cap Matifou[1].

Le 29 avril, un décret approuve la délibération du Conseil municipal du 27 février, décidant l'attribution du nom de *Sarrouy* à l'École Arabe-Française de la rue Montpensier[2].

Le 12 juillet, la Salle des Fêtes des Anciens Élèves du Lycée, mise à la disposition des Élèves et des Mutilés Serbes pour l'exercice de leur culte, est inaugurée à l'occasion de la fête des saints Pierre et Paul[3].

La guerre se poursuit toujours obstinée — et douloureuse — mais la confiance est inébranlable. On apporte dans la plus belle foi patriotique, ses épargnes à la Défense Nationale.

Le 29 octobre, clôture des opérations du deuxième Emprunt de Guerre auquel, comme pour le premier, a largement répondu l'Enseignement. Le Lycée a souscrit pour 4,161 fr. 50 ; les Anciens Élèves pour 30,000 francs environ ; les petites Écoles du Département pour 15,000 francs. Au total, pour l'Enseignement du Département : 45,000 francs.

Le 14 décembre, l'ancien Lycéen d'Alger, Viviani, qui, à l'heure

---

(1) Une centaine de jeunes gens furent reçus à l'Ecole Normale où ils constituèrent une section particulière. D'autres furent versés au Lycée où ils figurèrent officiellement lors de la distribution des Prix du 8 juillet.

A rappeler que l'Enseignement exerça en outre sa sollicitude à l'égard des petits Réfugiés de Belgique et du Nord de la France. A signaler aussi, sa collaboration constante aux œuvres de guerre. A mentionner : envois aux soldats — de tabac, d'aliments, de vêtements chauds. Marrainages. Confection, par les jeunes filles, de tricots, cache-nez, passe-montagnes. Coopération de celles-ci et des Maîtresses aux travaux de l'Ouvroir Universitaire dirigé par Mme Ardaillon. Adhésions au *Devoir social* (reconstitution des foyers détruits), aux œuvres d'Entr'Aide Scolaire pour les enfants des régions libérées. Adoption d'Écoles (envoi de linge, de livres, de médicaments). Participation aux ventes, sur la voie publique, d'insignes, de *petites fleurs*, au profit des défenseurs du front, des victimes civiles de l'Invasion — aux Emprunts nationaux en souvenir desquels chaque classe reçut un petit diplôme conservé précieusement — à l'OEuvre de secours aux Pupilles de la Nation, organisée (dans le Département), par M. Tailliart, et poursuivie après les hostilités. Versement du trentième du traitement des Instituteurs et Institutrices (œuvres diverses). A mentionner encore la collaboration de la Faculté de Médecine à l'œuvre du service sanitaire dans les hôpitaux et sur le Front.

(2) Directeur de l'École, décédé l'année précédente. L'École arabe-française du boulevard Valée reçut, quelque temps après, le nom de l'Instituteur Carrière, tué à l'ennemi.
Une autre école indigène, celui de l'Instituteur Ollivier, tombé aussi au front.

(3) Fête du roi de Serbie, Pierre Ier. Le 5 mai 1918, jour de la Pâque orthodoxe, une salle du Petit-Lycée de Mustapha, donnée en échange de la précédente, fut inaugurée solennellement.

de la Grande Ruée, tint avec tant de fermeté la barre du Gouvernement, devient, pour la deuxième fois, Ministre de l'Instruction Publique.

1917

Le 25 février, le Gouvernement Général acquiert, au prix de 400,000 francs, la villa : le *Splendid-Hôtel*, destiné à devenir une annexe du Lycée de Jeunes Filles.

Le 14 juin, le nom du Bibliothécaire, E. Maupas, décédé en 1916, est donné à la rue de l'État-Major[1].

Le 1er juillet, l'Académie Française décerne le grand prix Berger (15,000 francs) à l'ouvrage : *Paris à l'époque gallo-romaine*, de l'ancien professeur du Lycée de Pachetère, tué au front en 1915.

Charles Geniaux[2], ancien élève du Lycée, obtient le prix de 10,000 francs pour ses œuvres : *Ceux du Morbihan* et *Armelle Louanès*.

Le 5 novembre, dans tous les Établissements d'Instruction Publique, à la classe du matin, lecture est faite aux élèves, *debout*, de la résolution de la Chambre du 5 octobre, arrêtant que le nom de Guynemer sera gravé au Panthéon.

Rappel est fait de la belle lettre du commandant Brocard au Ministre où le chef du jeune aviateur déclare que « seule, la Coupole a assez d'envergure pour abriter de telles ailes »[3].

1918

Les 18 et 19 mai, a lieu, au Champ de Manœuvres, Stade Cheylard, une grande manifestation sportive, à laquelle prennent part nombre de sociétés militaires et civiles d'Algérie et de Tunisie[4]. Le

---

(1) On apposa aussi, dans la Bibliothèque, une plaquette de bronze présentant l'effigie du savant biologiste avec cette mention :
Rajeunissement caryogamique des Ciliés (1889).
Sexualité des Rotifères (1890) et des Nématodes (1900).
La Ville honora en outre sa mémoire en érigeant sur sa tombe, à Mustapha, un monument évocateur de sa science et comportant une roche tapissée de menues plantes grasses et surmonté d'un gracieux végétal exotique épanoui en palmier.

(2) Furent aussi couronnés par l'Académie les anciens lycéens E. Gojon et Pierre Benoit.

(3) Ce héros est devenu populaire dans les écoles, plus encore que Barra et Viala. Et c'est avec raison que le commandant Brocard ajoutait en sa lettre : « Tous les enfants de France qui lui écrivaient chaque jour, dont il était le merveilleux idéal, ont vibré de toutes ses émotions, vécu de toutes ses joies et souffert de tous ses dangers. Il restera, pour eux, le modèle de tous les héros dont ils ont connu l'Histoire. Son nom court sur toutes les lèvres et ils l'aiment comme on leur a appris à aimer les gloires les plus pures de notre temps. »

(4) Plus récemment, en l'été 1920, eut lieu une manifestation du même genre au Stand Mingasson.

général Nivelle préside la deuxième journée du Concours où figurent quinze cents unités exécutantes, dont mille enfants, et auquel des groupes de fillettes ajoutent le charme de représentations chorégraphiques[1].

Le 4 juillet, jour anniversaire de l'Indépendance Américaine, compte comme fête nationale française.

Le 11 novembre, après quatre années de guerre, la Victoire arrive enfin! l'Armistice est signé, la joie est universelle. A cette occasion l'Enseignement reçoit l'ordre de vaquer, ce jour et le lendemain.

Le 13 novembre, dans tous les Établissements d'Instruction Publique, le grand événement est célébré par la voix des maîtres.

Le 22, en réponse à un télégramme de respectueuses félicitations qu'ils lui ont adressé, le Maréchal Foch envoie ses remerciements aux élèves de Philosophie du Lycée.

Le 14 décembre, à l'occasion de l'arrivée en France du Président Wilson, ce jour est déclaré férié pour les Administrations et pour l'Enseignement.

Le 31, mort de l'ancien lycéen d'Alger, Paul Margueritte.

1919

Le 18 janvier, décret approuvant la délibération du Conseil municipal de Maison-Carrée, du 18 février 1918, qui attribua au groupe scolaire de cette commune, le nom de l'Instituteur Laverdet, tué à l'ennemi.

Le 19, inauguration, près du Fort-des-Anglais, du Stade Roger Lapergue, en présence des Autorités Civiles et Militaires. Le général Bajolle célèbre le jeune officier aviateur mort pour la France, dont ce stand perpétuera le nom.

Le 15 février, les Étudiants, pour la première fois depuis l'année du début de la guerre, reprennent leurs concerts mondains qui, maintenant, s'illustrent de l'éclat des galons, des fourragères,

---

(1) L'art chorégraphique fut, de bonne heure, l'objet d'un enseignement à Alger. Cela commença en 1845, à l'importation de la Pologne, de la polka et de la *Mazourka*, dont l'excentricité nécessita une sorte de dénationalisation. Le professeur Armand, rue d'Isly, se chargeait, dit la Presse, de les « apprendre en douze leçons ».

Elles furent dansées au Palais et chez l'Amiral. Ce fut, plus tard, l'étude du *Lanciers*, venu d'Angleterre. Dans la suite, on se livra à la culture du vrai ballet avec lequel s'évoquent les noms des professeurs Cerry, Nordetti et de Miss Adda Mac Kay dont les gracieuses « séances enfantines » (danses grecques, japonaises, galloises, menuets) firent, avant la Grande Guerre, le charme de maints après-midis mondains.

A signaler le jeune écolier, Séfail, formé au Théâtre d'Alger, devenu, dans la Métropole, un maître de ballet de renom.

des décorations d'anciens *escholiers*, revenus du front, quelques-uns imberbes encore, mais déjà ennoblis de gloire[1].

Le 8 mars, M. Jonnart, accompagné du Préfet, du général Nivelle, du Maire et de nombreuses personnalités locales, visite, à la Rampe Magenta, l'atelier d'art des Mutilés de guerre qu'il félicite de leurs travaux et auxquels, séance tenante, sont faites de multiples commandes[2].

Le 6 avril, la Commune de Birkadem donne, à son stand, le nom de l'Instituteur Dumont, enfant de la localité, mort au champ d'honneur.

Le 17, la Comédie Française réapparaît à Alger avec M. de Féraudy.

Le 23 juin, cent un coups de canon saluent l'acceptation de la Paix par l'Allemagne. Le Ministre de l'Instruction Publique donne congé pour le lendemain à l'Enseignement.

Le 28 juin, Alger se remet en fête à l'occasion de la signature de la Paix. Le Ministre déclare cette journée, fériée pour l'Enseignement.

Le 4 juillet, comme l'année précédente, l'*Indépendance-Day* (Fête Nationale Américaine) est marquée d'un congé pour les administrations et les établissements d'Instruction Publique.

Le 6, M. S. Gsell, du Collège de France, reçoit de l'Académie Française un prix de 10,000 francs pour son Histoire Ancienne de l'Afrique du Nord[3].

Le même jour, le Gouverneur inaugure, à Mustapha, l'atelier-école de préapprentissage, destiné à l'enfance, et à la fondation duquel se sont dévoués MM. Bernadec et Chausy.

Le 7, un douloureux accident éprouve l'Enseignement d'Alger : M. Mazure, Inspecteur d'Académie, est broyé par un tramway électrique[4].

Le 8 novembre, le Ministre accepte le principe de la mise *hors classe* du Lycée.

Cette année, le Corps Enseignant est sollicité en faveur d'une

---

(1) L'Association date de vingt-cinq ans. Celle des Anciens Élèves du Lycée, de soixante ans. Dans l'Enseignement Primaire, des Sociétés d'Anciens Élèves se sont constituées en différentes écoles. A mentionner dans le nombre : la *Rachidia*, des Écoles Arabes-Françaises. Existe aussi, commune à toutes les Écoles, une Société dénommée : *Mutualité Scolaire*.

Le personnel enseignant constitue, de même, des groupements dans ses trois ordres.

L'Enseignement Primaire comprend, outre son *Amicale*, une Société de Secours Mutuels et une Société de Secours aux Orphelins, enfants des membres de cet ordre.

(2) Leur rééducation manuelle avait été commencée dans l'ancien séminaire de Kouba, devenu ainsi, en quelque sorte, l'Hôtel de ces glorieux Invalides.

(3) Rappelons que l'Académie prima — en dehors de l'Enseignement — MM. Martial Douël pour *les Sept Villes Mortes*, et Garot pour son *Histoire de l'Algérie*.

(4) A ses obsèques, auxquelles assista une foule nombreuse, l'Université et la Magistrature parurent en robe.

œuvre, toute de douceur, de tact et de dévouement soutenu, que doit inspirer la plus sincère sympathie à l'égard des intéressés. Il s'agit de reprendre, de poursuivre dans la langue et dans l'esprit de la France, l'éducation scolaire des enfants de l'Alsace-Lorraine.

4,000 Instituteurs sont demandés.

Les postulants sont nombreux. Un choix est fait. Plusieurs Maîtres et Maîtresses d'Algérie sont honorés de la désignation du Ministère.

1920

Le 9 janvier, le Conseil municipal décide d'attribuer à l'École du Champ de Manœuvres, le nom de l'Instituteur Chazot qui en fut le Directeur pendant trente-sept ans.

Le 19 février, à l'occasion de l'entrée en fonctions du nouveau Président de la République, Deschanel, une salve de vingt et un coups est tirée par l'artillerie; les administrations, l'Enseignement ont un jour de congé. La troupe a quartier libre.

Le 9 avril, une cérémonie en l'honneur des Membres de l'Enseignement tués à l'ennemi, a lieu au Théâtre municipal, sous la présidence du Gouverneur Général.

Des artistes, un orchestre de soixante-dix exécutants, les Chœurs de l'École Normale, de l'École Supérieure de Filles, de la Ligue prêtent leur concours.

Le docteur Fuster, de la Faculté de Médecine, ancien combattant, donne lecture du Livre d'Or de l'Université d'Algérie, qui comprend les noms de : deux cent vingt-huit Instituteurs ; trente deux professeurs de Lycée et de Collèges ; sept professeurs de Faculté et trente-cinq étudiants.

Le lieutenant Watel, professeur au Lycée d'Alger, donne lecture des lettres, de haut caractère, des morts de l'Enseignement Secondaire.

Le sergent El Aïd, professeur à l'École Primaire Supérieure, donne lecture de celles, analogues, des Membres de l'Enseignement Primaire. Aux familles des décédés, remise est faite de médailles commémoratives. Le Général Niessel, le Gouverneur Général font un chaleureux éloge des éducateurs algériens. M. Abel souhaite — afin que soit plus spécialement honorée la valeur du Soldat de la terrible guerre — que le Panthéon reçoive les restes d'un *Poilu* inconnu, mort pour la Patrie. Il termine par cet appel aux Universitaires pour la grande œuvre de relèvement moral à accomplir : « Debout les Vivants!». De magnifiques harmonies musicales, parmi lesquelles : la *Marche Héroïque*, de Saint-Saëns, ajoutent à la grandeur de la solennité.

Cette cérémonie consacre, à Alger, la fusion des trois ordres de l'Université, commencée déjà dans l'exercice de la mission professionnelle et achevée, au champ de bataille, dans l'accomplissement du grand Devoir patriotique.

C'est à cette date, à ce pieux hommage de l'Enseignement de l'Algérie à ses Disparus, que se clôra cette énumération. Cet Enseignement peut être fier du travail accompli depuis la Conquête. Par lui, des générations d'origines diverses ont été initiées ici, à la parole, à la pensée et à la science françaises ; par lui, un magnifique exemple de patriotisme a été donné au cours de cette dernière guerre. Puisse-t-il, en l'année 1930, célébrer — dans la paix conservée — de la France victorieuse, le centenaire de son inauguration sur le sol de cette Nouvelle France ! [1]

---

[1] Peut-être s'étonnera-t-on de nous entendre si souvent évoquer ce centenaire de 1830. Au vrai, il nous semble qu'on ne saurait trop remémorer de cette belle date, les esprits que le cataclysme de 1914 a détournés de tant de choses. Dès avant la fin de cette guerre, en effet, cette échéance de souvenir avait été signalée dans *les Lumières d'El-Djezaïr*, puis, à nouveau rappelée — en 1919 — dans *Alger à Fleur d'Histoire*. Aujourd'hui, ce nous est un plaisir de voir le grand écrivain, Louis Bertrand, reprendre à son tour cette idée et l'exposer dans la *Revue des Deux-Mondes* (juillet 1920).

ADDENDA

1866. — *13 Mai :* A cette époque, lointaine encore de celle des machines à écrire, la calligraphie continue à jouir de la faveur du public. On s'ingénie à l'enseigner dans le plus bref délai possible. L'*Akhbar* publie une réclame du professeur Roustan, 2, rue du Divan, lequel, par une méthode *nouvelle et réservée*, transformera — pour le commerce — en 15 leçons *seulement*, une mauvaise écriture en une jolie *anglaise*.

1894. — *19 août* (note). En octobre 1920, une plaque fut apposée dans la salle du Conseil Municipal d'Alger, rappelant le souvenir du professeur Lematte, conseiller, tombé sous la balle d'un assassin.

1899. — *En Juillet*, l'Alliance Israélite installe, au 11 de la rue Bab-el-Oued, un *Médrach* pour filles et garçons[1].

1900. — *16 Octobre* (note 1) : Alger posséda aussi une École d'Hydrographie créée par la Chambre de Commerce (fermée en 1917).

1904. — *1ᵉʳ Juin* (note 2 bis) : M. Bernard, devenu Directeur de l'École Normale de la Seine, fut fait officier de la Légion d'Honneur en octobre 1920.

1905. — *16 Avril :* Visite du Jardin d'Essai par le roi et la reine d'Angleterre. Edouard VII, en se retirant, déclare que c'est ce qu'il a vu de plus beau après le parc de la Havane.

27 Avril (note) : Officier lors de la Grande Guerre, M. Néron fut fait chevalier de la Légion d'Honneur.

---

(1) La réorganisation des Écoles Juives fut entreprise en 1846, en vertu de l'ordonnance royale du 9 novembre.
Dès 1839, le Gouvernement avait prescrit une étude sérieuse de cette question.
En 1842, Alger comptait douze écoles juives (religieuses) avec trois cent quatre-vingt-cinq enfants. A cette époque, MM. Altaras, président du Consistoire de Marseille, et J. Cohen, avocat du barreau d'Aix, reçurent du Ministre de la Guerre, le maréchal, duc de Dalmatie, mission de le renseigner sur les améliorations à apporter à la condition de leurs coreligionnaires, ainsi qu'à leur enseignement.
En 1845, il y eut à Alger, en plus des écoles précitées, une école juive-française de garçons, dirigée par M. Weil, instituteur, avec quatre-vingts élèves, et une école de filles de cinquante élèves, fondée par Mlle Hartoch, jeune fille, venue de France.
En juillet 1846, dans la synagogue de la rue Scipion, une distribution des prix fut faite solennellement, aux écoles juives, sous la présidence de M. Albert Cohn, orientaliste distingué, et en présence des notabilités de l'Administration, de l'Enseignement et de la Magistrature. M. Cohn prononça son discours en français, en arabe et en hébreu. Au nom de la famille de Rothschild, il fit remise aux cinq plus méritants des élèves, de cinq livrets de Caisse d'Épargne largement pourvus.
Après examen de son rapport, le 18 novembre 1846, M. J. Altaras fut chargé, par le Ministre, « d'assister de ses lumières et de son expérience, l'Administration locale dans la préparation des mesures les plus propres à faciliter l'Ordonnance du 9 novembre ».

1911. — L'ancien Lycéen, Jean Mélia, de la Presse Parisienne, publie sa troisième étude sur Stendhal.

1915. — 27 *Septembre* (note 3) : Le nom du lieutenant Fournier, fils de l'ancien proviseur du Lycée, mort glorieusement dans l'Adriatique, fut donné à une unité navale.

INDEX

Administratration.

Premières circulaires : Novembre 1834, février 1836, septembre 1845. — Statistiques : Août 1836, août-décembre 1837, 1846, décembre 1848, 1855, janvier 1865, 1866, 1870, décembre 1913. — Premières Nominations ministérielles : Juillet 1844.
Premier Brevet de Capacité algérien : Novembre 1845, juillet, octobre 1846.
Première Session du Baccalauréat : Juillet 1880.
Création de l'Académie d'Alger : Septembre 1848. Traitements : 1848.
Premier Bulletin Universitaire : 1875. Création des Écoles Supérieures : Décembre 1879. Organisation de l'Enseignement Indigène : 1883. Création des Facultés : 1900.

Examens : Première jeune fille mauresque admise au Brevet de Capacité : Avril 1856.
Première jeune fille mauresque admise aux fonctions de monitrice en Kabylie : Avril 1887.
Première jeune fille reçue au Baccalauréat : Juillet 1863.
— — au Brevet d'Arabe : Décembre 1873.
— — à l'Agrégation d'Arabe : Juillet 1911.
— — à la Licence ès-Lettres : Juillet 1905.

Réouverture anticipée des Écoles : Août 1914.

Congés Historiques : Prise de Sébastopol : Octobre 1855. Victoire d'Italie : Août 1859. Prise de Puébla : Septembre 1863. Visites de l'Empereur : Septembre 1860, mai 1865. Centenaire de la Révolution : Mai 1889. Arrivée du Gouverneur Jonnart : Décembre 1900. Arrivée du Gouverneur Revoil : Décembre 1901. Visite du Président Loubet : Avril 1903. Élection du Président Fallière : Février 1906. Entrée de l'Italie dans la Grande Guerre : 1915. Fête Nationale Américaine : Juillet 1918, 1919. Signature de l'Armistice : Novembre 1918. Arrivée à Brest du Président Wilson : Décembre 1918. Acceptation du Traité de Paix : 23 juin 1919. Signature de la Paix : 28 juin 1919. Élection du Président Deschanel : Février 1920.

Inspections Générales. Missions Universitaires (Quelques) : MM. Lepescheux : Avril 1834. Duthrône : Octobre 1834. Artaud : Novembre 1845. H. de la Prévostaye : Décembre 1863. Foncin : 1882, 1891. Leysenne, id. Chassagny : Août 1884, mars 1914. Liard : Avril 1908.

Les *Recteurs*. Les *Inspecteurs d'Académie*. Les *Proviseurs*. Les *Inspecteurs généraux* (Enseignement Indigène). Les *Inspecteurs Primaires*. Les *Inspecteurs* de l'Enseignement Indigène. *Autres Inspecteurs* : Septembre 1848.
Missions Étrangères : Février 1869.

Œuvres Individuelles et Collectives.

Publications d'Universitaires : 14 avril 1887 (note 1) ; Décembre 1900 (note 2).
L'Enseignement au Champ d'Honneur : Septembre 1915.
— *aux Conseils Publics* : 1880.
— *aux Œuvres patriotiques, aux Œuvres de Guerre* : 1871. 1872, février 1916.
— aux Emprunts Nationaux : Octobre 1916, 1920.

Récompenses.

Universitaires décorés par le Chef de l'État : MM. Vignaly : Mai 1865 ; Docteur Bruch, Basset, Gsell, Serpaggi : Avril 1903.
Médailles universitaires : Mai 1847, mars 1894, 1900.
Autres décorations : Juillet 1846, octobre 1850.
Récompenses de l'Institut (Quelques) : Novembre 1856, 1911, juillet 1917, juillet 1919.

Commémorations universitaires et autres (Quelques).

Inscriptions : Vico : 1892. Masqueray : 1894. Azoubib : 1910. *Regnard* : Février 1912. *Sidi Abd-er-Rahman* : Avril 1912. Lematte. *Addenda.*
Tombeaux : G. Ayme : Octobre 1846. Delacroix : Septembre 1848 (note 6). Cantrel id. (note 5). Berbrugger : 1869. Maupas : 1917.
Médaillons, Plaquettes : Schéer : Avril 1896. H. Fabre : 1910. Maupas : 1917.
Bustes : G. Ayme : Juin 1847. *Cervantès* : Juin 1894. Durando : Avril 1895. Maillot : Octobre 1896. Cat : Mars 1905. Commandant Lamy : Mai 1906.
Statues : Général Margueritte (de l'école de Kouba).
Attribution aux Ecoles, Salles de Cours, de noms de membres de l'Enseignement : Avril 1894, 1916, janvier, avril 1919, janvier 1920.
Dénomination d'unités navales : *Addenda.*
Livre d'Or : Septembre 1915, avril 1920.

Enseignement extra-scolaire.

PAR LES MUSÉES : Exposition Permanente : Octobre 1854. Ancien Musée : Décembre 1855. Musée des Antiquités : Avril 1897. Pavillon des Forêts, id. Musée municipal : Avril 1908.
PAR LE THÉÂTRE (Comédie Française) : Mars 1892, mai 1907, mai 1912, avril 1919.
PAR LA PRESSE, PAR LES REVUES : *Africaine*, de Géographie, du Vieil-Alger : Mai 1856. Bulletins : Universitaire, de la Société d'Archéologie Religieuse : Avril 1856.
PAR CONFÉRENCES, DÉCLAMATIONS : E. Reclus : Mai 1885. Aïcard : 15-18 avril 1887. Coppée : Janvier 1891. H. Leroux : Avril 1895. Nibor : Novembre 1896. Brieux : Février 1912. Richepin : Avril 1913. d'Esparbès : Mai 1913. Mgr Leynaud : Mai 1917. Les Amis de l'Université, voir avril 1887.
PAR LES SOCIÉTÉS : *Historique* : Mai 1856, mai 1906 ; *de Géographie* : Novembre 1873, août 1879, février 1896, janvier 1904 ; *du Vieil-Alger* : Janvier 1905 ; *d'Histoire Naturelle* : 14 avril 1887 (note 1) ; *des Beaux-Arts* : Juillet 1868, septembre 1873 ; *de Chant* : Juillet 1846 ; *de Musique*, mai 1832, juillet 1847, mars 1892 ; *de Culture Physique*, octobre 1900, mai 1918, juin, juillet 1919 ; *de Chorégraphie* : mai 1918 (note 1).

Par Excursions (Histoire) : Docteur Barjot : 1865. Comité du Vieil-Alger : Janvier 1905 (Sciences). Herborisations Durando : Janvier 1892. Club Alpin : 1886. Société d'Histoire Naturelle : Avril 1887 (note 1).

Par les Bibliothèques : Cabinet de Lecture Bastide, 1833 ;

Nationale : Fondation 1835. Visites : Napoléon III, mai 1865 ; Président Loubet, avril 1903 ; Reine Amélie, mars 1903 ; Edouard VII, avril 1905. Dons : ville de New-York, avril 1853 ; Maréchal Pélissier, juillet 1855 ; Berbrugger, décembre 1855 ; Veuve Lieutaud et autres, octobre 1859 ; Harambourg, septembre 1860 ; Bresnier, décembre 1868.

Municipale : Fondation, novembre 1873, janvier 1892 ; du *Cercle Militaire* : Fondation, 1875 ; *Pédagogique* : Fondation, 1886 ; *Universitaire* : id. ; *Anglaise* : 1864.

Par la Statuaire, l'Épigraphie : 1887.

Par les Expositions *Scolaires* : Avril 1876 ; d'*Arts Indigènes* : Avril 1905, décembre 1906 ; *de Photographie et Peinture documentaires* : Avril 1905 ; *de documents préhistoriques* : Avril 1905.

Par les Jardins : Jardin d'Essai : 1832, janvier 1892 ; Jardins botaniques de l'Hôpital du Dey et des Écoles Supérieures : 1832.

Concours *de Musique* : Avril 1912 ; *de Gymnastique* : avril 1896.

Congrès *des Sciences* : Avril 1881 ; *de la Ligue de l'Enseignement* : Avril 1887 ; *de Géographie* : Mars 1899 ; *des Orientalistes* : Avril 1905 ; *de Gynécologie* : Mars 1907 ; *d'Hydrologie et de Climatologie* : Avril 1909 ; des Anciens Élèves des Collèges et Lycées de France : Mars 1912.

Les Études scolaires.

Écoles publiques et Institutions libres : 1830, 1831, 1832, avril 1835, 1836, novembre 1867, juin 1868, 1870 ; *Écoles Pénitentiaires* : Août 1836 (note) ; *Écoles Israélites* : 1832, 1836, décembre 1837, septembre 1852, 1855. Addenda.

Prix aux Écoles Publiques : Juillet 1855.

Institutions d'études secondaires, privées : Janvier 1835, novembre 1845, janvier 1846, septembre, novembre 1853, 1870, 1873.

Quelques Distributions des Prix : Septembre 1852, août, novembre 1853, novembre 1854, septembre 1856, septembre 1859.

Institutions Religieuses : 1843, novembre 1846.
Distribution des Prix : Janvier 1857.

Orphelinats, id.

Les Ouvroirs : 1845, janvier 1847, janvier 1853, septembre 1860, février 1861, mars 1903, mars 1915.
Distribution des Prix : Octobre 1851, octobre 1852, janvier 1853, mai 1854.

Ateliers de Céramique. Visite du Gouverneur Jonnart : Janvier 1907.

Visites aux Écoles : Général Damrémont : Avril 1837. Ministre Salvandy : Juillet 1846. Maréchal et Maréchale Randon : Février 1857. Duchesse de Malakoff : Février 1861. Maréchale de Mac-Mahon : Juin 1868. Ministre Combes : 14 avril 1896. Gouverneur Laferrière : Avril 1900. Ministre Chaumié : Octobre 1904. Ministre Bienvenu-Martin : Avril 1905.

Visites Étrangères (Institutrices Canadiennes) : Juillet 1912.

Cérémonies, Fêtes Scolaires : Parrainages du Chef de l'État : Décembre 1856. Matinée chez le Préfet : Mars 1857. Arrivées de l'Empereur : Septembre 1860, mai 1865. Le Départ, id. Réception des Élèves chez le Gouverneur Jonnart : Décembre 1900. Envois du Gouverneur Révoil aux Élèves : Janvier 1902. Centenaire de Victor Hugo : Février 1902. Arrivée du Président Loubet : Avril 1903. Réception des Élèves au Palais d'Été : Mai 1905. Id., juin 1907. Matinées théâtrales : Mai 1908. Fêtes de l'Enseignement Laïque : Juin 1904. Fête de l'Arbre : Juin 1906.

Célébration de la Victoire : Novembre 1918. Célébration Guynemer : Novembre 1917.

Institution du Certificat d'Études Primaires en Algérie : 1879.

Installation des troupes dans les Écoles : Août 1914 (note 2).

Sociétés Scolaires, id. du Personnel enseignant : Février 1919.

ÉCOLES PRIMAIRES SUPÉRIEURES : Voir 1863, 1902, 1903, 1911.

ÉCOLE NORMALE D'ALGER. *Fondation, Installations* : 1863. Visites de Ministres : Mai 1892, avril 1896.

Section Indigène. Section Spéciale pour l'enseignement en Kabylie : 1885. Section Serbe : Février 1916.

ÉCOLE NORMALE DE MILIANA. *Fondation* : 1874.

COURS D'ARABE : 1832, 1837. *Écoles Arabes-Françaises* : 1836.

L'Enseignement Indigène : 1850-1885. Distribution des Prix : Janvier 1852, décembre 1853.

COLLÈGE ARABE *à Paris* : Mai 1839.

COLLÈGE ARABE-FRANÇAIS. Création : Mars 1857. Direction Cherbonneau : Décembre 1857. Collégiens boursiers aux Écoles de France : Octobre 1864, septembre 1866. Professeurs d'Arabe et d'autres langues Nord-Africaines : Janvier 1837 (note 1). Réunion du Collège au Lycée : Octobre-novembre 1871. Visites : Maréchal et Maréchale Randon : Mars 1858. Chefs indigènes : Décembre 1859. L'Empereur : 9 mai 1865. Réceptions : chez le Général de Martimprey : Mai 1860. Chez la Maréchale de Mac-Mahon : Février 1865.

Distributions des Prix : Juin 1860, juillet 1866.

MÉDERSA. Voir à *Enseignement Supérieur*.

COLLÈGE FRANÇAIS. Ouverture : Avril 1835. Première distribution solennelle des Prix : Août 1838. — Visites : Intendant Civil Bresson : Août 1837. Ducs de Nemours. Prince de Joinville : Novembre 1837. Duc d'Orléans : Septembre 1839. Évêque Dupuch : Janvier 1843. Ministre Salvandy : Juillet 1846. Fêtes : Bal en l'honneur du Maréchal Bugeaud : Septembre 1844. Concert : Août 1845. Exposition Agicole : Septembre 1848.

LYCÉE. Création : Septembre 1848. Nouvelle installation : Décembre 1861, juin 1863, octobre 1868.

Lycées-Annexes : Décembre 1898. Voir mai 1915.

Les Proviseurs : Septembre 1848. Premier grand succès scolaire : Août 1879.

Élévation à la première classe : Juillet 1880 ; id. à la mise hors-classe : Novembre 1919.

Premier élève devenu Inspecteur Général : Août 1884, mai 1914.

Premier élève devenu Ministre de l'Instruction Publique : Avril 1913, décembre 1916.

Anciens Élèves couronnés par l'Académie Française : Juillet 1917.

Élèves des Colonies: Sénégalais ; Juin 1858. Annamite : Avril 1880. Prince Ki-Dong : Octobre 1887. Fils du roi Dina-Salifou : Août 1889. Fils du roi Mademba : Juillet 1903.
Élèves Serbes : Février 1916.
Réceptions : Lycéens chez le Maréchal Randon : Juin 1858.
Fêtes : Bal en l'honneur de l'Empereur : Septembre 1860. Banquet, Président Loubet : Avril 1903.
Distributions des Prix (Quelques) : Août 1849.
Inscription du millième élève : Décembre 1878. Célébration du Cinquantenaire : Décembre 1898. Proviseur Sornein, décoré : Janvier 1883. Proviseur Canivincq, id. : Février 1902.
Cérémonies religieuses : Octobre 1852.
Les Philosophes et le Maréchal Foch: Novembre 1918.
Visites : Préfet Géry : Février 1859. Napoléon III : Mai 1865. Général Chanzy : 1876 ; Gouverneur A. Grévy : Octobre 1879. Id. Tirman : Décembre 1881. Id. Révoil : Juin 1902. Ministre Combes : Avril 1896. Id. Chaumié : Octobre 1904. Id. Viviani : 1913.
Dons du Ministre pour la Chapelle : Février 1876 ; des Anciens Élèves à la Compagnie de Fusiliers (étendard) : Juillet 1877.
Privilèges : Demi-tarif sur les chemins de fer : Mars 1877.
Vieux Souvenirs : Tombeau romain : Juin 1863. Inscriptions arabes et plaque dénominatrice de l'Ancien Lycée : Décembre 1868. Bellombras de la Cour des Janissaires : Avril 1877.
Installation de troupes : 2 août 1914.

ASSOCIATIONS : *Les Anciens Élèves.* Fondation : Octobre 1859. Premières Elections du Bureau : Mai 1860. Félicitation du Ministre : Août 1860. Premiers banquets : Décembre 1860, décembre 1861, décembre 1862. Banquet Canivincq : Février 1902. Bals : Décembre 1882. Concerts : Mars 1895. OEuvres : Mars 1881, janvier 1899.
Salle de Réunion : Octobre 1886, février 1909. Id. au service du Culte pour les Serbes : Juillet 1916. Affiliation à la Société d'Oran : Mars 1887. Congrès de l'Association Générale : Mars 1912.
Union Dramatique : Décembre 1883. *Concordia,* id.

LIGUE DE L'ENSEIGNEMENT. Fondation : Décembre 1872, janvier 1892. Inauguration des Bâtiments nouveaux : Avril 1903. *Visites* : Ministres Bourgeois : Mars 1892. Combes : Avril 1896. Chaumié : Avril 1904. Bienvenu-Martin : Avril 1905. Gouverneur et Mme Révoil : Juin 1902. Président Loubet : Avril 1903.
LYCÉE DE JEUNES FILLES (Transformation) : Décembre 1910. Installation d'un Hôpital temporaire : Mai 1915. Acquisition du *Splendid-Hôtel* : Février 1917.
COLLÈGE DES JÉSUITES. Fondation : Octobre 1873. Première Distribution de Prix : Juillet 1874.
COURS D'ENSEIGNEMENT SUPÉRIEUR : Janvier 1833, décembre 1838, janvier 1866, juillet 1868.
ECOLES SUPÉRIEURES : Septembre 1853, août 1857, 1858, décembre 1879, janvier, mars, mai 1880, février 1881, avril 1887, novembre 1889.
Visites : Ministres Berthelot, Granet, Millaud : Avril 1887. Bourgeois : Mai 1892. Combes : Avril 1896. Chaumié : Octobre 1904. Bienvenu-Martin : Avril 1905. Gouverneur Lépine : Décembre 1897.
FACULTÉS. Voir janvier 1911.
Association des Étudiants : Avril 1896, avril 1905, février 1919.
MÉDERSA (Ancienne). Fondation : 1850. Division Supérieure : 1895.

Visites : Ministre Combes : Avril 1896. Goúverneur du Zanguebar : Mars 1909.
(Nouvelle. *Inauguration :* Octobre 1904. *Visites :* Ministres Chaumié : Octobre 1904. Etienne et Gauthier : Octobre 1905. Roi et Reine d'Angleterre : Avril 1905.

Enseignement : Descendant du dey Mustapha-Pacha, professeur : Octobre 1893.
Expositions : Avril 1905, décembre 1906.

École Supérieure de Commerce : Octobre 1900.

Autres Écoles Spéciales : Juillet 1846, octobre 1857, novembre 1881, octobre 1900, mars 1907, juillet, 1908, mai 1918, juin, juillet 1919. *Addenda.*

Personnalités universitaires et autres (Quelques).

Lepescheux : Avril 1834, août 1838. Académiciens : Hase et Blanqui : Sepbre 1837. G. Aymé : 1838, septembre, octobre 1846, juin 1847. Toussenel : 1841. Enfantin, id. Larrey : Juillet 1842. X. Marmier : Juillet 1846. Roger : Septembre 1860. Depeille : Janvier 1867. Bresnier 1837, juillet 1869. Bergrugger : 1835, octobre 1850, novembre 1856, juillet 1869. Mac-Carty : Juillet 1869, décembre 1894, de Galland : 1871, 1900, 1911. Bastide : 1871. Patenotre : 1872, mars 1914. Devoulx : 1876. Georges Duruy. Maurice Wahl : 1877. Paul Bert : Mai 1882. Paul Monceaux : Avril 1884. Cat : Décembre 1884, mars 1903. Général Margueritte : Avril 1886. *Cervantès :* Août 1887, février 1888, 1894, mars 1905. Durando : 1865, janvier 1892. Masqueray : 1889, 1894. Jules Lemaître : Juin 1895. de Behagle : Juin 1896. Sliman ben Nacer : Mars 1900. Ben Sedira : Août 1872, décembre 1900. Rochegrosse : Octobre 1906. G. Colin : Octobre 1907. Jeanmaire : Octobre 1908. Dordor : Décembre 1910. Gsell : 1912, juillet 1919. Louis Bertrand 1914. *Regnard :* 1911. Ben Aben (Mme) : Mars 1913. Mazure : Juillet 1919.

ALGER. — IMPRIMERIE FONTANA FRÈRES, 3, RUE PELISSIER

www.ingramcontent.com/pod-product-compliance
Lightning Source LLC
LaVergne TN
LVHW020955090426
835512LV00009B/1918